LES HOMMES, LES FEMMES, ETC.

Ellen Willer

• MARABOUT •

Ouvrage dirigé par Bernard Leduc.

À Yoël.

Sommaire

Préambule

Comment j'ai eu la bonne idée d'écrire ce livre. Et pourquoi ce n'en serait pas une mauvaise, pour vous, de le lire.

Tout a commencé par une dispute.

Avec mon mari. La cause ? Il n'avait pas daigné bouger quand, en pleine nuit, et d'un cri strident, notre fille de quatre ans l'avait appelé. Pas grave, à première vue. Si ce n'est que le matin, quand je le lui ai reproché, il s'est justifié en disant qu'il n'avait rien entendu. Tu parles, à d'autres, j'ai répliqué. Tu ne me crois pas, il a demandé. Qui pourrait te croire, j'ai répondu. Et là on a carrément décidé, comme dans une cour de récré, de ne plus se causer.

Et si, parfois, l'homme était sourd ?

Trois jours plus tard, dans une librairie, mes yeux balayent distraitement les piles de guides et autres manuels pour aller mieux dans la vie. Et s'arrêtent sur le titre plutôt amusant de l'un d'eux, consacré au couple. Je l'ouvre. Et tombe sur l'incroyable vérité : les hommes, qui sont programmés, de toute éternité, pour détecter, en plein sommeil, le moindre craquement d'une branche qui menace de casser – rapport à leur rôle archaïque de chasseur et de protecteur du foyer –, ne le sont définitivement pas pour entendre les pleurs, autrement plus bruyants, de leur propre enfant. L'auteur n'avançait pas du tout cette thèse étrange dans le but de sauver mon mari, et ses semblables, des représailles sanglantes que leur comportement indigne ne manquait pas de provoquer, mais parce qu'il l'avait tout simplement vérifiée, scanner à l'appui. La nuit, en plein sommeil, du bois qui crisse, le cerveau masculin réagit. La chair de sa chair qui crie, le cerveau masculin demeure au plus profond de son apathie.

Le soir même, comme si de rien n'était, j'accueillais avec le sourire mon mari, qui a dû penser que j'étais victime d'une sorte d'amnésie.

ET SI LA FEMME AVAIT TOUT INTÉRÊT À LE SAVOIR ?

Le lendemain, j'allai m'acheter le livre en question. Et puis, comme je ne fais pas les choses à moitié, j'achetai aussi tous ceux en pile à côté sur le même sujet. Enfin, comme je suis infiniment consciencieuse, j'ai également raflé tous les manuels de biologie, anatomie, endocrinologie et autres ouvrages de vulgarisation médicale à ma portée. Je les ai lus. Tous. En entier. De la première à la dernière ligne. Et je dois dire honnêtement que j'ai appris un tas de choses. Des choses qu'on devrait nous dire dès l'école primaire, histoire de favoriser une bonne cohabitation entre les deux sexes. Des choses qu'on devrait nous expliquer aussi tôt que possible, pour que ça devienne des réflexes. « On ne met pas les doigts dans la prise », « On ne traverse pas au vert », au même titre que : « On ne s'attend pas à ce qu'un homme se lève la nuit pour porter secours à son enfant qui gémit, à moins qu'on n'ait pris la peine de le réveiller pour l'en informer. » Répétez après moi. Voilà. C'est comme ça. Et il faut faire avec.

À ce stade-là, je commençais à disposer d'un matériel correct pour me montrer honorablement indulgente vis-à-vis de mon conjoint en toute circonstance. Et pour éviter un certain nombre de conflits inutiles.

Et si les livres devenaient lisibles ?

Par contre, mon mari, qui n'avait pas suivi la même formation intensive que moi, continuait à me reprocher de ne pas être foutue de me rappeler où j'avais garé la voiture, ou de m'entêter à bavasser des heures entières au téléphone avec mon amie que je venais à peine de quitter.

Dénué de ma culture encyclopédique à propos des différences fondamentales et indiscutables entre l'homme et la femme, il continuait à me gonfler avec des détails dont je savais bien, moi, ne pas être responsable ; ce que je trouvais profondément injuste.

Je lui ai donc alors demandé de bien vouloir compulser les quelques ouvrages qui m'avaient ramenée à la raison et conduite à l'indulgence.

Il a commencé. Et a aussitôt renoncé.

Car il faut admettre que ce qui est agaçant avec ces livres, c'est qu'ils sont illisibles.

Et si j'étais votre bonne copine ?

Alors voilà, disons que je suis votre bonne copine. Je vous livre en un seul bouquin, et plutôt pas épais, tout ce qui mérite d'être su et retenu sur le sujet. Assorti de tout ce que j'ai pu observer, entendre et recueillir sur ce thème, dans la vie courante. Avec en prime ma théorie, désormais très aboutie, sur la question.

Comment ça, quel sujet ? Comment ça, quel thème ? Comment ça, quelle question ?

Les différences entre l'homme et la femme. Car l'homme et la femme sont différents. Égaux, mais désespérément différents. Dès la naissance. Et pour toujours. Et là, forcément, ce n'est pas de l'appareil génital et de la silhouette en général que je parle. Mais de tout le reste. Je dis bien tout le reste : le cerveau, les hormones, les perceptions, les aptitudes, les comportements...

Et si on nous avait menti ?

Moi qui suis le pur produit des années féministes, qui ai toujours été conditionnée à croire qu'hommes et femmes étaient égaux, et qui en ai stupidement déduit, par facilité, sans trop m'interroger, que nous étions pareils, moi qui ai toujours mené ma carrière à la façon d'un homme – c'est du moins ce que je me racontais, en m'aidant de tailleurs-pantalons qui aujourd'hui me font sourire –, il m'a fallu attendre plus de quarante ans pour comprendre à quel point je me plantais.

On m'aurait menti ? On nous aurait menti ?

À part que je ne sais pas qui est ce « on », la réponse est oui.

On nous a fait croire qu'on était pareilles que les hommes – on s'en est nous-mêmes stupidement convaincues – pour nous donner l'énergie de nous battre avec leurs armes : l'esprit de compétition, la rage de vaincre, le besoin de supplanter les autres. Alors que ce ne sont pas les nôtres.

Les hommes s'affrontent, les femmes coopèrent, les hommes ont besoin de pouvoir, les femmes d'harmonie, les hommes ne se jugent entre eux que sur les résultats obtenus, les femmes sur les moyens d'y parvenir.

Ces quelques affirmations ne découlent pas de statistiques vaseuses sur un échantillon approximativement représentatif. Elles ne résultent pas non plus de vagues préjugés légèrement sexistes.

Elles sont la conclusion indiscutable de constatations scientifiques. Établies sur l'observation minutieuse des caractères archaïques des deux genres, féminin et masculin, tels qu'ils ont été conditionnés par les rôles qui leur ont été attribués durant des millions d'années. Tels qu'ils ont pu influencer le cerveau et ses configurations, les hormones et leur taux de sécrétions. Et tels qu'on peut encore aujourd'hui le vérifier par scanner, IRM, analyses sanguines...

Et si, malgré toutes ces évidences, on a réussi à nous faire croire qu'hommes et femmes étaient pareils, ce n'est pas pour nous induire en erreur. Pas pour se foutre de notre gueule. Pas pour semer la zizanie. Mais pour aider la société à passer à l'étape suivante.

Palais Bourbon
La solidarité féminine
« La première fois que Roselyne Bachelot, RPR, a défendu le Pacs, elle est revenue à sa place dans un silence de mort, avec deux grosses larmes qui roulaient sur ses joues, se souvient Yvette Benayoun-Nakache. Nous, les socialistes, on lui a toutes fait passer des mots. Je me souviens du mien : " Bravo pour votre courage." Et elle m'a répondu : " Merci Yvette – prénom qui m'est cher, puisque ma mère aussi s'appelait Yvette. " Une façon rafraîchissante de faire de la politique. »
Corine Goldberger
Marie-Claire
Janvier 2001.

Et si on changeait de valeurs ?

Voilà des millions d'années que le monde est sous l'emprise des valeurs masculines, avec certains résultats moyennement satisfaisants. Une fois que notre société occidentale a eu de quoi se nourrir et s'abriter, les deux rôles fondamentaux assignés à l'homme, on tournait un peu en rond. À vide.

Les valeurs masculines avaient fait leur temps.

Mal appliqué, l'esprit de combativité ne mène qu'à la guerre, qui détruit. Mal utilisé, l'esprit de compétition conduit à gagner toujours plus, à faire toujours plus, à produire toujours plus. Bref, à toujours plus, jamais à mieux. Quitte à tout abîmer, à tout polluer, à se nourrir de travers et à vivre à l'envers.

Le moment était venu : les valeurs féminines de partage, d'harmonie, d'attention aux autres et de solidarité – la gauche n'a pas le monopole du cœur, pas plus que les femmes, mais quand même... – avaient tout intérêt à être appelées à la rescousse.

Mais comment les faire émerger ?

Et si on féminisait la société ?

La réponse est apparue dans les années 70 : en laissant croire aux femmes qu'elles avaient les moyens de lutter à armes égales avec les hommes.

Si, avant d'escalader un sommet, on me raconte que j'ai aux pieds des chaussures à clous, je me lance. Si je me rends compte que j'ai des mules en satin, je passe mon tour. D'accord, il aurait été assez logique de vérifier. Mais on n'y a pas pensé. Nous avions le destin du monde entre les mains, rien que ça. Il fallait bien qu'on soit un peu shootées à l'inconscience.

Pour que les femmes osent revendiquer une autre place, briguer les postes de première ligne, obtenir les postes de décision, avoir entre les mains les leviers de commande. Et prennent le pouvoir pour faire valoir leur façon de penser et de gérer les problèmes. Pendant trente ans, les femmes ont dû passer pour ce qu'elles ne sont pas, ça fait beaucoup. C'est fatigant. Aujourd'hui, bas les masques. On peut enfin être nous-mêmes. Égales. Mais différentes.

Introduction

L'homme et la femme sont égaux. Mais différents.

Pendant des millions d'années, qui aurait eu l'idée de remettre en cause l'idée que les hommes et les femmes étaient différents ? Depuis l'époque où l'Homme partait à la chasse pour en rapporter le repas familial, et la Femme restait dans la grotte pour veiller sur le feu et les enfants, ça allait tellement de soi que personne n'aurait pris la peine ni de le nier, ... ni de le soutenir.

Et puis la révolution féministe est passée par là. Et a tout balayé, jusqu'aux plus indiscutables évidences. À force de répéter que les hommes et les femmes étaient égaux, certains ont fini par entendre qu'ils étaient pareils. Et tout le monde a fini par admettre cette parité comme une nouvelle vérité.

Il est alors devenu politiquement correct de considérer les hommes et les femmes semblables en tout point. Oser attirer l'attention sur une disparité, même minime, c'était immanquablement se faire traiter, au choix, de rétrograde, de phallocrate ou de misogyne. Parfois même les trois à la fois. Même quand vous étiez vous-même une femme.

Cette époque a marqué le début de la Grande Confusion.

Confusion des rôles : une fois les archétypes brisés, à quel modèle se référer ? Comment se trouver ? S'y retrouver ? C'est quoi, un homme ? C'est quoi, une femme ? D'accord, maintenant, un homme, ça a le droit de pleurer, mais ça m'avance à quoi, à part à avoir les yeux qui piquent ? D'accord, les femmes, ça a le droit de conduire un camion. Mais j'en fais quoi, moi, d'un camion, dans ma rue, où j'ai déjà du mal à garer ma Mini...

Et surtout, confusion des sentiments : si les hommes et les femmes sont pareils, ils attendent forcément les mêmes choses de la vie en général, de l'amour et du couple en particulier. Alors pourquoi elle fait la gueule quand j'ai besoin de m'isoler ? Et pourquoi il se fout de la mienne quand je lui demande de me le dire, qu'il m'aime ? Pourquoi elle devient folle quand je lui assure que cette nuit, je n'ai pas entendu le bébé pleurer ? Et pourquoi il me regarde comme si j'étais limite demeurée parce que je suis incapable de retrouver mon chemin sur une carte ?

Bilan : la confusion. Générale.

Longtemps, on a reproché aux hommes et aux femmes de ne pas se parler. On leur conseillait vivement de « communiquer ». Là, ils se parlent. Mais ils ne se comprennent pas. Pire, ils ne s'entendent pas. Jusqu'au conflit. Au bureau. À la maison. Avec un collègue. Un fils. Un ami. Ou son mari.

Pas étonnant : en réalité, on se parle, mais on ne parle pas la même langue. Sans le savoir. Car à force de croire qu'on est pareils, on pense qu'on pense pareil.

Voilà pourquoi, à la toute fin du siècle dernier (le XXe...), certains observateurs bien intentionnés ont eu la bonne idée de se ressaisir et de tout remettre à plat. Ils ont alors pu réaffirmer avec force ce que nous avons toujours su avec évidence : les hommes et les femmes sont différents. Seulement là, il ne suffisait plus de le dire. Il fallait le démontrer. Preuve à l'appui. Avec, en main, observations cliniques sur des milliers de sujets, comptes rendus d'explorations indiscrètes dans des laboratoires aux vitres sans tain truffés de caméras, scanners, analyses sanguines, bilans hormonaux, IRM, et autres examens médicaux.

Bien sûr, il ne s'agissait pas de prouver qu'anatomiquement, nous étions différents : on a beau être aveuglés par vingt-cinq ans de conditionnement, il nous reste un minimum de bon sens et de lucidité. Mais que psychologiquement, compte tenu de notre configuration cérébrale et de nos sécrétions hormonales, nous n'avons rien en commun.

Le résultat est là : les hommes et les femmes sont différents. Ni pires. Ni meilleurs. Juste différents. Et parfaitement égaux par ailleurs, si vraiment on souhaite se placer sur ce plan.

On n'a pas l'impression d'avoir beaucoup avancé en disant cela, et pourtant !

Accepter l'idée que l'autre est différent, c'est accepter qu'il ne pense pas comme nous. Qu'il n'attend pas la même chose que nous. Mais aussi qu'il ne peut pas nous donner ce qu'on attend ; puisqu'il ne sait pas qu'on l'attend ; et qu'on n'a pas pensé à le demander. C'est admettre qu'il ne nous fait pas mal juste parce qu'il est indifférent, ou maladroit, ou méchant, mais parce qu'il ne sait pas que là, pour nous, aïe, c'est pas supportable. C'est considérer que si, parfois, il se comporte à nos yeux comme un extraterrestre, c'est bien parce qu'il vient d'une autre planète, et pas parce qu'il cherche à nous faire honte devant nos meilleurs amis.

Si, chez vous, au beau milieu d'un dîner, un invité se met à roter bruyamment, une onde de mépris va vous submerger. Et gagner tous les convives. Parfois même jusqu'à l'agressivité. Normal.

Maintenant, si vous savez que cet invité est marocain. Et que, dans son pays, roter, quand on est bien éduqué, c'est une marque indispensable de politesse et de courtoisie, c'est faire savoir à la maîtresse de maison qu'on a bien mangé, en qualité et en quantité, là, vous n'allez pas lui en vouloir une seconde. Parce que, puisqu'il n'est pas comme vous, qu'il est fait comme ça, que c'est sa nature, donc son droit, bref, qu'il a toutes les raisons d'être comme il est, vous allez vous montrer compréhensif et indulgent. Et lui sourire gentiment.

Et si vous vous montriez aussi compréhensif et indulgent avec ceux qui partagent votre vie quotidienne ?

Car admettre que l'autre est différent, c'est déjà s'efforcer de le comprendre. C'est apprendre à pardonner. À passer l'éponge. À effacer l'ardoise, dans un premier temps, pour remettre les compteurs à zéro. Ensuite, on s'exerce. On se retient de conclure trop vite qu'on a en face de soi un idiot, un paresseux, ou une inadaptée. On s'entraîne à mieux savoir comment l'autre fonctionne. On s'attache à découvrir les origines de ses différences. Et on peut même se surprendre à y prendre goût. À les apprécier. À ne plus pouvoir s'en passer. Un jour, on s'efforce de désamorcer les conflits avant qu'ils ne s'enclenchent. Le lendemain, on critique moins. On complimente plus. Bref, peu à peu, on apprend à vivre mieux avec les autres. Ce qui est infiniment agréable.

On essaie ?

L'homme et la femme ne sont pas faits pareils. Et là, c'est du cerveau qu'on parle...

Tous les auteurs sont d'accord sur une chose : tout a commencé au commencement. Du monde. Disons autour de l'homme et la femme des cavernes. Pour des raisons qu'aucun n'explicite – peut-être tout simplement parce que, même à l'époque, ce sont les femmes qui faisaient les bébés et, dans la foulée, s'en sont occupées –, les rôles ont été répartis de la façon suivante : les hommes, seuls ou en bande, à la chasse, les femmes, en groupe, dans la grotte, avec feu et enfants. Chacun a donc dû s'adapter à sa tâche, et développer les talents nécessaires pour l'accomplir. Bien sûr, avec toutes ces journées passées dehors, par tous les temps, les hommes ont fini par devenir plus grands, plus forts, plus résistants. Quant aux femmes, dont la zone d'intervention était réduite, mais qui veillaient au plus précieux, elles ont amélioré leur attention, leur sens de l'observation, leur capacité d'éveil et d'acuité.

Pourquoi le cerveau de l'homme et de la femme sont différents ?

Pas besoin d'être un grand anthropologue pour imaginer que le type de vie que chacun menait devait forcément avoir une influence pas seulement sur leur physique, mais aussi sur leurs perceptions, leurs aptitudes, leurs comportements, leurs goûts, leurs préférences...

NOUS HÉRITONS DU CERVEAU ASSORTI À NOTRE GENRE.

C'est ainsi que leur cerveau a peu à peu évolué en fonction de leur mission. Des dizaines de milliers d'années à refaire chaque jour les mêmes choses, ça vous forge le tempérament pour l'éternité.

Résultat : plus tard, beaucoup plus tard, que nous le voulions ou non, nous héritons, homme ou femme, du cerveau assorti à notre état. Nous recevons à la naissance, génétiquement, les talents, les compétences, mais aussi les limites et les faiblesses de notre sexe.

Bref, nous sommes dépositaires de leurs différences. Des différences qui n'ont, semble-t-il, rien à voir avec un quelconque conditionnement social, mais avec le cours normal de l'évolution de l'espèce. Selon les plus sérieux observateurs, même isolés du reste du monde, les filles et les garçons continueraient à être ce qu'ils sont, et à faire ce qu'ils font. Et ce n'est pas en habillant une fille en bleu et un garçon en rose qu'on empêcherait la première d'aimer jouer à la poupée et le second de préférer le ballon.

AUCUN SEXISME. AUCUN ANTI-FÉMINISME. DES FAITS.

Il y a une petite vingtaine d'années, un manuel de pédiatrie qui cherchait à rassurer les parents assurait qu'il n'y avait aucune « normalité » de comportement. Le médecin expliquait : « Tel petit garçon escaladera sans cesse chaises et escabeaux, tandis que telle petite fille restera bien sage à lire un livre. »

En plein avènement du féminisme, c'était, même involontairement, de la pure provocation.

Et c'est très loin de ce que les scientifiques cherchent à établir aujourd'hui : pour eux, ce serait plutôt que « telle petite fille », si elle se met à escalader un escabeau, va avant tout regarder là où elle pose les pieds ; tandis que « tel petit garçon » aura plutôt tendance à foncer en se précipitant vers le sommet avec impatience. Aucun sexisme. Aucun anti-féminisme. Des faits.

Des faits longtemps méconnus : pour observer le cerveau, les médecins n'ont eu jusqu'au milieu du XXe siècle que la dissection à leur disposition. Il paraît qu'ils travaillaient essentiellement sur les soldats morts, et l'armée comptait peu de femmes. On a donc dû se contenter de conclusions établies de façon non pas partiale, mais partielle. Et comme hommes et femmes font partie de la même espèce, ces médecins n'ont pas cru faire preuve de mauvaise foi en extrapolant aux femmes ce qu'ils avaient appris grâce à des cerveaux masculins. Et quand ils avaient la chance de tomber sur un cerveau féminin, ils le pesaient et en concluaient que, pesant moins lourd que celui de l'homme, la femme devait probablement être moins intelligente. Plutôt stupide, non ? Surtout que maintenant, avec scanner, IRM et autres moyens d'investigations aussi pointus à l'appui, on peut légitimement soutenir le contraire. Des preuves ?

En quoi le cerveau de l'homme et de la femme sont différents ?

Il a fallu attendre les années 60 pour affirmer avec certitude que les deux hémisphères du cerveau sont liés à des fonctions différentes. L'hémisphère gauche est en charge de la pensée rationnelle : la logique, la raison, la déduction, l'analyse, le langage. L'hémisphère droit est le lieu de la pensée émotionnelle : l'information visuelle, la perception par les sens, l'intuition, l'imagination, la créativité. Il se trouve que l'hémisphère gauche est plus développé chez l'homme, alors que les deux sont strictement identiques chez la femme. Et que, contrairement à l'homme, la femme peut mobiliser ses deux hémisphères en même temps.

La femme ignore ce que fait sa main gauche. Et sa main droite.

Une histoire drôle pas très drôle circulait dans les années 60 : après un accrochage en voiture, un gendarme interroge le responsable, un homme : « Comment ça s'est passé ? » L'homme répond : « Monsieur l'agent, je vous assure, je n'y suis pour rien. Tout est de la faute de la femme dans la voiture devant moi... – Mais pourtant c'est vous qui avez embouti sa voiture, réplique l'agent. – Oui mais, vous comprenez, elle avait mis son clignotant à gauche. – Et alors ? reprend l'agent. – Elle a vraiment tourné à gauche, Monsieur l'agent, vous vous rendez compte ? Comment j'aurais pu m'en douter, moi... »

La femme a beaucoup de mal à distinguer sa droite de sa gauche. C'est de notoriété publique. Et c'est réellement le cas semble-t-il pour une femme sur deux. Qui, lorsque vous lui demandez de tourner à droite, semble soudain traversée d'une onde de panique.

C'est dû à la configuration de son cerveau, dont les deux hémisphères peuvent être mobilisés simultanément. L'homme qui les utilise, lui, alternativement, n'a aucune difficulté à tourner à droite quand on le lui demande. Mais de toute façon, il connaît très bien le chemin.

UN CERVEAU COMPARTIMENTÉ POUR L'HOMME.

On a également pu découvrir que la localisation de certaines aptitudes diffère chez l'homme et chez la femme. Par exemple, la parole est localisée sur le seul hémisphère gauche chez l'homme, alors qu'elle se situe sur les deux hémisphères chez la femme. Un homme dont l'hémisphère gauche est endommagé ne peut pratiquement plus parler. Dans les mêmes circonstances, une femme conserve la parole, et au moins une partie de son vocabulaire.

En plus, le cerveau masculin fonctionne de façon très spécialisée : à chaque zone correspond une compétence. Selon les circonstances, il lui faudra donc faire passer les informations qu'il recueille d'une zone à l'autre, parfois même d'un hémisphère à l'autre, avant de pouvoir les traiter. Ce qui forcément prend un certain temps. Tandis que le cerveau féminin opère de façon plus diffuse : la femme accède plus rapidement à l'ensemble de ses ressources, et peut les utiliser simultanément.

PLUS DE CONNEXIONS POUR LA FEMME.

Le corps calleux, un faisceau de fibres nerveuses qui relie les deux hémisphères, est 30 % plus épais chez la femme. Ce qui permet un nombre beaucoup plus élevé de connexions. Sans compter que l'œstrogène, une hormone spécifiquement féminine, stimule les cellules nerveuses, et les incite à créer davantage encore de ces connexions.

Enfin, une étude menée par des neuropsychologues a permis de montrer qu'un cerveau masculin au repos présente environ 30 % de son activité électrique, contre 90 % pour un cerveau féminin. Ce qui prouve que, même quand elle est censée relâcher son attention, une femme continue de recevoir et de traiter machinalement les informations qui lui parviennent.

Voilà pour l'observation clinique, mais que peut-on en déduire fonctionnellement ? Des tas de choses.

Et pour commencer, juste un détail. En 1997, une chercheuse danoise du service neurologique de l'Hôpital municipal de Copenhague a démontré que si, en moyenne, un homme dispose d'environ 4 milliards de cellules cérébrales de plus qu'une femme (sans doute une conséquence de son cerveau plus lourd ?), une femme, elle, dispose en moyenne d'un taux d'intelligence supérieur de 3 %. Un chiffre souvent confirmé par d'autres études. Ça calme, non ?

Les chasseurs d'élans

L'homme suédois contemporain peut avoir un PC, pousser un landau et parler cinq langues, sous sa chemise repassée bat un cœur d'homme des cavernes. C'est ainsi du moins que beaucoup de Suédoises expliquent l'exode de masse qui vide chaque automne les foyers et les bureaux pour le fraternel rituel de la chasse à l'élan. Malgré les avancées de la technologie et de l'urbanisation, la saison de la chasse reste tellement populaire en Suède que certaines entreprises et services qui emploient une majorité d'hommes ferment tout simplement pendant une semaine ou deux pour éviter d'avoir à décider qui va rester pour assurer la permanence. On peut même voir des panneaux « Parti chasser » placardés sur les postes de police et les écoles à la campagne.

Carol J. Williams
Los Angeles Times
cité par *Courrier International* du 29 novembre 2000.

Comment le cerveau de l'homme et de la femme se différencient ?

Quand on va parler de toutes ces différences, et de leurs répercussions sur la perception du monde, les aptitudes et les comportements, il n'est pas impossible que certaines femmes ne se reconnaissent pas intégralement dans la description des femmes et que certains hommes ne se reconnaissent pas dans celle des hommes.

À cela, deux explications.

AU DÉPART, ON EST TOUS DES FILLES.

D'abord, ce sont des généralités qui vont être énoncées. On ne se trompe pas quand on affirme que « l'homme est plus grand que la femme ». Mais c'est en moyenne, statistiquement. Même s'il nous arrive tous les jours de croiser des femmes très grandes et des hommes très petits.

Ensuite, il se trouve que l'être humain se construit à partir de 46 chromosomes, équitablement fournis par le père et la mère. Le 23e chromosome maternel est toujours un chromosome X (il a un peu la forme de cette lettre). Par contre, le 23e chromosome paternel est variable et définit le sexe de l'enfant : X, ce sera une fille, Y, ce sera un garçon. Seulement, il paraît qu'au départ, on est tous des filles. Quasiment asexués jusqu'à environ six semaines de grossesse, avec, pour tous, un cerveau à configuration féminine, et, à disposition, tout le matériel génital pour s'accomplir en féminin ou en masculin.

À l'issue de cette période, si le fœtus est génétiquement un garçon (avec, à la 23e place des chromosomes, le couple XY), il se met à sécréter une quantité importante d'hormones mâles, en particulier de la testostérone, dans le but de définir son identité sexuelle : les attributs génitaux, bien sûr, mais aussi les spécificités du cerveau.

FILLE RÉUSSIE ET GARÇON MANQUÉ.

Eh bien figurez-vous que dans certains cas (15 à 20 %, quand même), la dose d'hormones en présence n'est pas suffisante pour toute la tâche à accomplir. Côté génital, comme c'est une priorité, il y aura forcément assez ; mais côté cerveau, on se résignera au manque. Et voilà un garçon qui grandira avec un cerveau doté de certaines capacités féminines. À l'inverse, si au même moment, pour un fœtus génétiquement fille, contre toute attente, une dose d'hormones mâles vient à être sécrétée, il y a de fortes chances pour que cette fille développe certaines caractéristiques masculines, ce qui serait le cas pour environ 10 % d'entre elles.

Certains auteurs vont même jusqu'à avancer des causes à ces apports capricieux en hormones : les hormones mâles seraient très fragilisées par un excès de stress. À l'inverse, leur production serait favorisée par certains médicaments, notamment ceux utiles aux diabétiques.

Ils expliquent d'ailleurs de la même façon l'homosexualité masculine et féminine : un apport désordonné d'hormones mâles ou femelles, à un moment clé du développement cérébral, c'est-à-dire entre la sixième et la huitième semaine de grossesse.

Tout cela pour dire qu'on peut très bien être « un homme, un vrai, qui pleure et qui aime les sucreries », comme le disait Louise de Vilmorin.

Et que personne ne nous oblige à cocher 100 % des cases qui définissent le masculin ou le féminin pour être pleinement un homme ou une femme.

L'homme et la femme ont cinq sens. La femme surtout.

Déplacements lointains, stratégies à mettre au point, nécessité de se repérer au milieu de nulle part, de se concentrer sur un seul objectif, un seul but, une seule cible, d'être fort, résistant, courageux, et même inconscient du danger, rapporter à manger, remporter des victoires : voilà le lot de l'homme.

Déplacements courts, surveillance de l'environnement immédiat, nécessité d'apprécier les moindres changements dans le décor, dans l'air, dans l'atmosphère, de les anticiper, de faire plusieurs choses à la fois, compte tenu de la diversité des tâches à exécuter, de développer de bons rapports humains avec ses copines de grotte, étant donné l'inévitable promiscuité : voilà le destin de la femme.

Pendant des millions d'années, l'homme et la femme ont vécu dans le même milieu, mais pas le même genre de vie. Il en résulte une même espèce, et deux genres : le masculin et le féminin.

C'est ainsi que l'homme et la femme ont été dotés des aptitudes sensorielles nécessaires à leur survie. Compte tenu du danger que les hommes couraient, il serait logique de supposer qu'ils étaient équipés des meilleures options pour percevoir le monde. C'est pourtant exactement le contraire.

Pourquoi ? Parce que l'homme avait une tâche, et une seule, même si elle était déterminante, à accomplir. La femme, elle, déjà à l'époque, jonglait avec les responsabilités les plus variées.

La conséquence, aujourd'hui, se traduit en termes clairs : toutes les études menées depuis plus de vingt ans affirment la supériorité féminine en matière de perception.

Elles sont sans discussion possible meilleures pour déceler, à l'aide de leurs cinq sens, chaque petite nuance de leur environnement.

C'est sans doute ce qu'on appelle « l'intuition féminine ». C'est peut-être même ce qui leur a valu de se faire traiter de sorcières par des hommes qui eux ne disposaient pas des mêmes facultés.

C'est en tout cas une vérité dont il faut s'accommoder.

L'authentique féminité du téléphone.

Amateurs de bons gros stéréotypes sur les différences de genres, réjouissez-vous. Oui, les femmes se téléphonent plus souvent et restent deux fois plus longtemps accrochées au combiné. (...) Le résultat d'une étude menée en Allemagne, au Royaume-Uni, en Italie, en Espagne et en France est instructif : dans les deux tiers des familles interrogées, une femme est spontanément désignée comme l'utilisateur principal du téléphone. (...) Au fond, le téléphone ne sert pas à la même chose selon qu'on est homme ou femme : « Le trafic téléphonique des femmes n'a souvent d'autre finalité que la communication interpersonnelle, c'est le téléphone-parole. La communication téléphonique des hommes est plus fondamentalement un moyen d'atteindre un objectif, d'organiser leur emploi du temps, leurs activités. C'est le téléphone-outil », écrit le chercheur Gérard Claisse.

Jean-Michel Normand
Le Monde
16 décembre 2000.

La femme voit.
L'homme cherche encore.

Toute femme s'est forcément trouvée une fois ou l'autre confrontée à cette situation : de la pièce d'à côté, une longue plainte irritée la tire de la lecture tranquille de son magazine : « Tu ne pourrais pas laisser les choses à leur place ? Impossible de mettre la main sur la moutarde. Tu le fais exprès ou quoi ? » Le plaignant est le mari. Le fils. Ou le père. Mais ce qui est sûr, c'est que c'est un homme. Et même, pour tout dire, un homme que la femme a bien envie de gifler, là, tout de suite, sans réfléchir. Alors elle ferme son magazine, se lève. Elle le rejoint. Les dents serrées et les yeux venimeux, elle lui tend le pot de moutarde. Qui était où ? À sa place, bien sûr. À ce moment-là de l'échange, nous sommes en présence de deux individus extrêmement en colère, dont l'un a tous les torts ; nous sommes d'accord ? Eh bien ce n'est pas ce qui l'empêche de pousser un long soupir agacé. Le vrai problème, c'est qu'il l'a dérangée pour rien. Mais sa vraie justification, c'est que la moutarde, il ne l'a réellement pas vue, malgré toute sa bonne volonté. Pourquoi ?

Parce que l'homme ne voit pas du tout ce que voit la femme.

L'HOMME A UN ZOOM, LA FEMME UN GRAND ANGLE.

De l'époque où l'homme était chasseur, l'homme a développé une vision façon zoom à longue portée. Son champ visuel se devait d'être très étroit, pour repérer la proie, ne plus la perdre de vue, l'atteindre, et enfin, une fois abattue, la retrouver pour la rapporter au bercail. Voilà pourquoi un homme, qui veut faire l'inventaire de tout ce que contient un placard, balaiera son contenu de droite à gauche puis de haut en bas, en bougeant tout le visage.

La femme, elle, toujours à la même époque, avait pour mission de défendre son environnement immédiat ; tout son environnement. Le moindre détail devait l'alerter. Elle a donc développé une vision façon grand angle. La femme est ainsi pourvue d'une sorte de logiciel lui autorisant 45° de vision de part et d'autre du visage, en plus de ses 90° de face. Quasiment 180° en un clin d'œil. Bilan : le contenu du même placard, elle se le coltine d'un seul regard, en bougeant à peine les yeux !

Alors si vous êtes une femme, et si un homme de votre connaissance ne voit pas ce qu'il a sous les yeux, avant de l'accuser d'être le dernier des incapables, armez-vous de patience, et répondez-lui : « Tu as regardé, en haut, à droite, dans le placard ? » Aiguillé par l'information que vous lui donnez, il mettra son zoom en œuvre. Et trouvera.

L'homme mate. Et la femme ?

Cette différence de perception a bien sûr des conséquences dans tous les aspects de la vie. Par exemple, selon les assurances, qui sont bien placées pour le savoir, une femme a moins de chances d'avoir un accrochage à un carrefour qu'un homme. Normal, vu qu'elle voit machinalement sur les côtés. Par contre, elle a plus de risques d'emboutir sa voiture dans un simple créneau. Chacun son truc...

Dans un tout autre ordre d'idées, c'est ce qui expliquerait que les hommes se font plus facilement prendre en flagrant délit quand ils reluquent d'autres femmes. Impossible de ne pas remarquer où se fixe leur regard.

Les femmes, ce n'est pas qu'elles n'aient pas de tentations, mais plutôt qu'elles peuvent les satisfaire discrètement. En toute impunité. Qui a parlé d'hypocrisie ?

L'homme se rit des détails.

Même problème pour les détails et les couleurs. Quand on demande à un homme de décrire une tenue, un meuble, ou une scène, on croit qu'il se contente du strict minimum par pure mauvaise volonté. C'est plus prosaïquement parce qu'il est incapable de mieux.

Les détails, le cerveau de l'homme s'en moque. Il les ignore, placidement. Et vit très bien sans. Le cerveau de l'homme se concentre sur ce qui est important. Dans l'échelle des valeurs qui lui a été léguée. Que le mammouth ait une tache ou deux, une corne légèrement endommagée, ou un pelage un peu terreux, l'homme, il s'en fout. Ça se mange ? Ça s'attrape ! Et aussi rapidement que possible, histoire de rentrer vite fait au chaud. Alors, vite fait, on demande au cerveau d'évaluer sa vitesse, sa direction, on tire, on touche, et on rapporte.

Les couleurs ? L'œil recèle environ 100 millions de cellules allongées qui discernent le noir et le blanc, et 10 millions de cellules coniques chargées des couleurs. Qui fournit les cônes ? Le chromosome X. Qui a le plus de chromosome X ? La femme. Qui parlera toujours de bleu ? L'homme. Et qui précisera bleu marine, bleu roi, lavande, turquoise ?...

On constate aussi que l'homme, dont les yeux sont configurés pour voir loin, doit sans cesse réajuster sa vision de près, ce qui le conduit à une plus grande fatigue oculaire. Et le rend moins performant, en tout cas moins longtemps, pour tous les travaux de précision. Il abandonne plus vite une tâche à l'ordinateur ? Ce n'est pas de sa faute, il ne le fait pas exprès, c'est juste sa vision de près...

La femme parle aussi avec ses yeux.

Enfin, si on note que l'œil de l'homme est plus grand que celui de la femme – toujours son passé de chasseur : ses yeux constituaient ses jumelles, qui devaient lui permettre de voir net et loin –, le blanc de son œil est, lui, plus petit. On l'explique par la nécessité pour les femmes d'une communication de proximité, notamment dans la relation maternelle : un blanc d'œil plus étendu permet d'exprimer une plus large gamme d'émotions et une plus grande variété de signaux. Une preuve ? Les espèces animales ne recourant pas à ce type de communication, les oiseaux par exemple, se retrouvent avec un blanc d'œil pratiquement inexistant.

Parfois, heureusement, l'homme marque des points. Il est prouvé par exemple qu'il a une bien meilleure vision de nuit à longue portée. Associée à sa meilleure capacité spatiale – nous y reviendrons –, il est bien plus à l'aise pour conduire de nuit, alors que dans les mêmes conditions, la femme avoue bien volontiers avoir du mal à distinguer jusqu'au sens de la circulation, si elle n'y était aidée par la couleur des feux de position. Un long parcours de nuit ? À lui le volant !

La femme entend.
L'homme tend l'oreille.

Inutile de ménager le suspense : du côté de l'ouïe aussi, la femme fait mieux que lui.

Ce qui n'est pas forcément un avantage. Car qui entend le bébé pleurer la nuit ? Sa maman. Pareil pour le robinet qui fuit. La fontaine et son clapotis. Le chaton victime d'insomnie.

L'HOMME ENTEND MAL. MAIS PROTÈGE BIEN.

Par contre s'il s'agit de savoir comment mettre la main sur le petit chat, c'est papa qui saura. Grâce à son sens de l'orientation – aspect que nous développerons –, il repérera aussitôt d'où vient le bruit. Il restera seulement à décider qui va se lever pour le forcer à se taire. C'est du petit chat bien sûr qu'il s'agit.

Imaginons à présent un bruit qui pourrait mettre le foyer en danger : la porte d'entrée qui grince suggérant la présence d'un intrus, une branche d'arbre qui craque menaçant de s'écrouler. Ça, c'est sûrement l'homme qui l'entendra. Dans ce cas, il ne s'agit plus de simple perception, mais de prédestination et de rôle de protection à remplir.

LA FEMME A L'OREILLE FINE.

Ajoutez à cela que les femmes ont en général « une bonne oreille », qui leur permet de mieux identifier les sons et de mieux les classer. Première conséquence, elle peut mieux les reproduire, ce qui explique que sur dix personnes capables de chanter juste, on dénombre seulement deux hommes.

Pour la même raison, une femme est tout à fait en mesure de suivre deux conversations en même temps. Une à votre table, et l'autre à la table d'à côté. C'est vrai, c'est un peu crispant, mais puisqu'on vous dit qu'elle vous écoute vraiment...

Enfin, sachez que ce n'est pas par héroïsme qu'une femme

ne crie pas exaspérée : « Tu peux baisser la télé », au moment où elle décroche le téléphone. C'est tout simplement parce que la femme, elle, contrairement à l'homme, peut tenir une conversation au téléphone sans être parasitée par les titres du Journal de 20 heures.

LES HOMMES N'ÉCOUTENT PAS, MÊME QUAND ILS SONT PETITS.

Ce talent auditif se manifeste dès le plus jeune âge : une petite fille d'une semaine reconnaît, paraît-il, la voix de sa mère. Au même âge, un garçon en est incapable. À l'adolescence, il faut signaler que certains jeunes garçons sont même atteints d'une surdité passagère, parfaitement normale, même si elle nous conduit plus souvent qu'à notre tour jusqu'au bureau du proviseur, avec plainte récurrente du genre : « Il est insupportable, il n'écoute pas. » En fait, c'est plutôt qu'il entend mal. La raison ? À l'approche de la puberté, les canaux auditifs subissent une telle poussée de croissance que l'audition s'en trouve perturbée.

Heureusement, tout rentre ensuite dans l'ordre. Juste à temps pour permettre à l'homme de se faire de nouveau taper sur les doigts. Car non seulement il entend moins bien, mais en plus il n'écoute pas. Et là, franchement, c'est entièrement de sa faute, non ? C'est en tout cas ce qu'on croit, et de bonne foi. Tant qu'on n'a pas poussé plus loin l'analyse, qui se chargera de nous démontrer le contraire.

La femme sent. L'homme respire.

Ça finit par agacer mais c'est comme ça : à votre avis, qui l'emporte dans la catégorie odorat ? La femme. Vous avez gagné.

Et là, petite subtilité supplémentaire : déjà, dans son état normal, la femme sent mieux. Mais quand elle est dans sa période d'ovulation, elle bat des records. Comment l'expliquer ?

Partons d'un principe premier : c'est la femme qui fait les enfants – enfin une affirmation qui ne choquera personne, du moins pour l'instant. Or, quand la femme est dans son rôle de protectrice de l'espèce, son odorat lui permet même de détecter la bonne qualité ou la bonne complémentarité du système immunitaire d'un homme qui passe dans son abord immédiat. Car cet homme-là est un père possible, mieux, un père souhaitable, puisqu'un bon système immunitaire est un gage de survie pour l'enfant à naître. Bien sûr, la femme dans cette situation ne va pas dire à sa meilleure amie : « J'ai rencontré un type, tu ne peux pas savoir le système immunitaire qu'il a ! » Elle dira plutôt qu'il est complètement craquant, ou attirant, ou séduisant. Elle parlera peut-être de coup de foudre énorme, inexplicable, incompréhensible. Elle sera toute retournée. Attendra qu'il l'appelle comme si sa vie en dépendait. Scotchée à côté du téléphone. Vérifiant vingt fois qu'il est bien raccroché. Elle refusera même l'invitation d'un autre à sortir pour dîner, persuadée que c'est cette histoire qu'elle doit vivre et pas une autre.

Alors qu'elle ne fera en réalité que satisfaire aux règles élémentaires et immuables de la sauvegarde de l'espèce. Révoltant, non ? Et pas terriblement romantique…

La femme est sensible. L'homme résiste.

Toucher. C'est drôle ce que ce mot écrit tout seul peut avoir d'ambigu. Soyons bien clair : ici, il ne s'agit pas de savoir qui sait mieux toucher, ou qui a le plus envie de toucher. Ce qui fera l'objet d'un autre chapitre. Mais bien comment se comporte ce sens au masculin et au féminin.

Commençons par des généralités : la peau, d'une surface approximative de 2 m^2, dispose de 3,5 millions de récepteurs. Mauvaise nouvelle : la majorité (2,8 millions) est spécialisée dans la douleur. Mais heureusement on en compte malgré tout près de 500 000 dédiés au toucher. Au départ, on part donc à égalité. Seulement voilà, la peau de l'homme est plus épaisse.

Pourquoi ?

Souvenez-vous. L'homme. La chasse. Courir dans les fourrés. Résister aux griffures de la faune et de la flore. Résister au froid. À la douleur... Il lui fallait une peau plus épaisse, un peu comme une combinaison protectrice.

Souvenez-vous encore : il marchait comment, l'homme, au début ? Pratiquement à quatre pattes, comme ses amies les bêtes. Exposant forcément plus son dos que son ventre aux agressions. Son dos, où la peau est quatre fois plus épaisse que sur le ventre !

L'HOMME EST MOINS « À FLEUR DE PEAU ».

Résultat pour nos contemporains : chez les hommes, les récepteurs sont bien là, mais ils marchent moins bien. Moins « à fleur de peau ». Et les femmes démontrent en moyenne une sensibilité au toucher dix fois supérieure à celle des hommes.

Une étude qui semble faire autorité établit notamment que, parmi les testés, les sujets masculins les plus sensibles le sont beaucoup moins que les sujets féminins les moins sensibles.

Il est par ailleurs prouvé, et c'est sans doute une conséquence directe, que deux femmes en pleine conversation ont autour de cinq fois plus de chances de se toucher – d'entrer physiquement en contact – que deux hommes. Dans la rue, deux femmes qui se prennent par le bras passent beaucoup plus inaperçues que deux hommes.

LA CARESSE QUI GUÉRIT.

Il faut enfin signaler que le toucher n'est pas un sens anodin. Une expérience sur des bébés singes en est la première preuve : en cas de manque ou d'absence de contact physique (caresses, pressions, etc.), ils sont victimes de maladie ou de dépression.

Plus précise encore, cette observation sur des nourrissons : ceux dont les mères avaient appris à « caresser » et « toucher » présentaient moins de troubles légers, type rhumes, diarrhées, vomissements...

Il est donc possible d'en conclure que les femmes ont aussi développé non plus ce sens, mais ce comportement, dans le but d'augmenter les chances de survie de l'espèce. Et puisque, comme on le sait, la fonction crée l'organe...

LA CARESSE QUI FÂCHE.

Dans ces conditions, pourquoi les femmes ont-elles la réputation de « ne pas aimer qu'on les touche » ? Parce qu'elles ont leurs innombrables capteurs répartis harmonieusement sur tout le corps, et que les hommes qui, jusqu'à aujourd'hui, l'ignoraient sans doute, ont tendance à se concentrer sur deux ou trois zones bien spécifiques, dont ils ont beaucoup de mal à se détourner.

Et que les femmes aiment être caressées, pas seulement tripotées.

Comme il se trouve que c'est plutôt l'inverse pour les hommes, on imagine le quiproquo.

MÊME PAS MAL.

À côté de ça, les hommes ont une attitude assez ambiguë face à la douleur : dans la vie courante, leur seuil de résistance semble bien plus bas que celui des femmes, et le moindre bobo a tendance à les jeter à terre. Ils deviennent geignards, plaintifs, limite assistés, réclamant aide, attention et soutien avec dans la voix des trémolos qui pourraient faire croire à leur dernière heure.

Alors que dans certaines circonstances particulières, notamment dans les compétitions sportives, ils se révèlent incroyablement courageux, et bien capables de terminer un match avec une bonne entorse et un mollet qui a doublé de volume.

L'explication ? La compartimentation. Le cerveau de l'homme est compartimenté. S'il dispute un match, il est tout à sa compétition. Ce n'est pas qu'il résiste à la douleur, c'est qu'il ne la sent pas, ou peu, totalement focalisé sur le but à atteindre. Attendez que l'arbitre signifie la fin de la rencontre, et il redeviendra cet attendrissant blessé qui a tellement besoin des autres.

La femme goûte. L'homme gagne des étoiles.

Le goût aussi est plus développé chez la femme. Et une fois de plus à cause de son rôle archaïque : c'est elle qui était désignée pour la cueillette ; et c'est elle aussi qui goûtait les aliments dont elle nourrissait les enfants. C'est à elle que revenait la responsabilité de juger si c'était comestible ou pas – elle ne disposait pas d'une liste exhaustive publiée par *60 millions de consommateurs* –, encore mangeable ou périmé. De plus, compte tenu du goût inné de l'enfant pour le sucré, c'est dans cette saveur-là qu'elle s'est peu à peu spécialisée. Avec, à la clef, une préférence qui a fini par se déclarer : aujourd'hui, ce sont les femmes, essentiellement, qui font des orgies de gâteaux et de bonbons. Les hommes continuant, eux, à préférer le salé et l'amer, de la viande en sauce à la charcuterie en passant par la bière. Pour être complet, ajoutons que la quatrième saveur répertoriée, l'aigre, est en général, du moins dans nos cultures, collectivement boudée.

La femme « goûte » mieux ? Voilà une affirmation qui va en révulser plus d'un. « Et les grands chefs, alors, ce ne sont pas de hommes, peut-être ? » Si. Tout à fait. Des hommes. Une petite douzaine d'entre eux, pour tout dire, qui se disputent les trois étoiles parcimonieusement attribuées par le Michelin. Mais d'abord, compte tenu de leur nombre, ça pourrait bien constituer ce qu'on appelle une exception. Ensuite, un grand chef, c'est aussi un grand entrepreneur, et là, c'est un autre sujet. Enfin, s'il faut bien admettre que la gastronomie a toujours été l'affaire des hommes, de Vatel à Ducasse, la pâtisserie, elle, est toujours restée celle des femmes. Avec Madame Tatin en tête, tiens !

L'homme et la femme sont doués. Mais peuvent mieux faire.

Donc, quand une femme emboutit l'avant de sa voiture en se garant, ce n'est pas sa faute, c'est la faute à pas de sens ? Et quand un homme ajoute d'autorité le contenu de la salière et du poivrier dans une salade qui a été subtilement assaisonnée, ce n'est pas de la muflerie, c'est que sans ça, il aurait l'impression de manger du foin ?

Voilà qui nous fait voir les choses autrement.

Le monde est le même pour tous et toutes. Mais on sait maintenant qu'on ne le perçoit pas exactement de la même façon.

Nos cerveaux ont évolué différemment.

Nos sens nous renseignent différemment.

Nous réagissons donc différemment.

Reste à explorer nos aptitudes respectives. Avec nos atouts différents, quels jeux avons-nous tendance à jouer ?

La femme raconte. L'homme dit.

À table au milieu d'amis. On parle de vacances. Et tout à coup l'une des convives prend la parole : « On avait au moins fait trois cents kilomètres, il était presque trois heures, et tout d'un coup je me demande si j'ai bien pris les maillots... » Quand soudain une voix plus grave l'interrompt : « Je ne sais pas s'il était trois heures, mais compte tenu qu'on était partis à midi, qu'on était à Fontainebleau, et que Fontainebleau, que je sache, est toujours à 60 kilomètres de Paris... » Ce n'est pas le ton narquois de la voix de l'homme qui énerve la femme. Ni même qu'il l'a interrompue, ce qui, en soi, peut déjà agacer. Mais qu'il la prive du plaisir de la chute de son histoire. Allez ajouter, après ça, qu'en appelant la maison, elle s'est rendu compte que ce sont carrément les passeports qu'elle avait oubliés...

POURQUOI UN HOMME NE DIT PAS « JE T'AIME ».

Des histoires comme ça, on en vit tous les jours. En coulisse, ensuite, au retour dans la voiture, les femmes se font traiter d'amnésiques, ou pire, de menteuses. Et les hommes, d'emmerdeurs. D'empêcheurs de raconter les histoires comme on en a envie. En réalité, tout découle, une fois de plus, de notre configuration cérébrale. Et de nos aptitudes.

Un homme, dont le siège de la parole est localisé dans le cerveau sur l'hémisphère gauche, l'hémisphère de la rationalité, se sert de la parole pour dire les faits, pour délivrer une information, transmettre une connaissance, relater une expérience.

Pour un homme, la parole est un outil de communication.

Après ça, étonnez-vous qu'un homme dise rarement : « Je t'aime » à celle qu'il aime justement. Il l'a dit une fois, il y a longtemps ? Ça lui suffit. C'est dit, c'est dit. L'information, il l'a donnée ; compte tenu de l'évolution des choses – vous vivez ensemble à présent, et depuis un bon bout de temps –, l'information est passée ; alors passons à autre chose.

En parlant, la femme partage.

Pour une femme, évidemment, il en va tout autrement. Chez elle, le siège de la parole est diffus sur les deux hémisphères, et tient à la fois du rationnel et de l'émotionnel. Parler, c'est créer un lien, construire une relation. De plus, elle peut recourir à plusieurs de ses ressources cérébrales simultanément : tout en parlant, elle peut visualiser la scène, et même l'améliorer si nécessaire. Résultat : quand elle utilise la parole, c'est pour raconter. Pour partager une émotion, un ressenti.

Pour une femme, la parole est un moyen d'expression.

Alors pour donner plus de force à ses sentiments, plus de drôlerie à son anecdote, plus de relief à ses arguments, qu'est-ce qui l'empêche d'en rajouter un peu, de simplifier, ou même de généraliser ?

À part son mari ?

C'est vrai, la femme exagère.

Ce genre de situation, qui est légèrement irritante en groupe, ou entre amis, peut devenir carrément problématique dans un face-à-face. Une femme qui dira à un homme : « C'est toujours moi qui remets de l'essence dans la voiture – ou du papier dans la photocopieuse – » cherche seulement à dire qu'il lui semble le faire très souvent. Disons même trop souvent. Alors que l'homme entendra précisément ce qu'elle dit : toujours, c'est-à-dire sans exception. Et trouvera qu'elle exagère. Il suffira d'une fois, une seule, où il se souviendra de l'avoir fait, pour se sentir en droit de l'accuser de mauvaise foi. Et nous voilà embarqués dans une histoire qui n'a plus rien à faire avec sa cause initiale – la nécessité de remettre de l'essence ou du papier –, pour dériver dangereusement vers des accusations plus profondes, donc plus impliquantes, donc plus engluantes : « Il faut que tu en rajoutes pour me rabaisser, tu ne peux pas t'empêcher de me critiquer » contre : « Si je n'ai même plus le droit de critiquer quand tu ne fais pas ce que j'attends de toi. »

La femme ne sait pas demander.

La situation empire encore quand on sait qu'une femme ne le dit justement pas, ce qu'elle attend. Ou alors, avec une périphrase moyennement claire : « Ça te dirait, un restau ce soir ? » pour : « Je suis épuisée, vannée. Pas loin déprimée. Pas la force de faire la bouffe. Le restau, ça simplifierait tout. Tu veux bien qu'on y aille, dis, pour me faire plaisir ? » Il faut reconnaître que celui qui a correctement traduit ce qu'on vient de lui dire peut tout de suite se faire engager comme consultant chez 3615 Devin. Tous les autres, pensant vraiment qu'on les interroge sur leur propre envie, répliquent sincèrement, après y avoir selon eux suffisamment réfléchi : « Hum. Non. Pas trop. » Et se font immédiatement haïr.

La femme ne sait pas demander. Chez elle, c'est viscéral. Comme, de son passé archaïque de pourvoyeuse, elle part du principe qu'à part le strict minimum qu'elle est en droit d'attendre de l'autre – à l'époque, la nourriture, aujourd'hui, c'est plus spécifique à chacune –, c'est à elle de donner. Comme, par ailleurs, elle a les antennes qu'il faut – ses cinq sens – pour savoir ce que l'autre souhaite qu'on lui donne, elle considère que si l'autre veut vraiment satisfaire ses besoins à elle, il n'a qu'à faire comme elle : les deviner.

La femme championne du monde du style indirect.

Moyennant quoi, la femme est devenue la championne toutes catégories du discours indirect et de la demande qui n'en est pas une : « Ce serait différent si on avait un deuxième ordinateur », au responsable informatique qui opine mais n'a pas compris qu'il s'agirait de passer commande, et tout de suite. « Vous ne trouvez pas qu'il fait froid », à un compagnon de voyage inconnu, dans un compartiment de train, qui répond courtoisement que non, et se replonge dans son *Nouvel Obs*, sans actionner la manette du chauffage qui est sous son genou. « Ça fait longtemps que tu n'es pas passé prendre les enfants », à son mari, qui compte mentalement les semaines, et trouve qu'au fond, non, pas tant que ça, sans réaliser que jeudi soir, elle a une réunion qui se termine tard, et que ça l'aurait bien arrangée qu'il se charge d'eux.

Ce qui est terrible, c'est qu'à l'occasion d'une prochaine discussion, elle lui dira : « Tu ne t'occupes jamais de rien. Tiens, la dernière fois, tu ne peux pas savoir ce que ça a été de s'organiser pour faire prendre les enfants, le jour où j'avais ma réunion annuelle. J'ai dû en parler à ma mère. Elle n'avait pas la voiture, elle a dû prendre le métro. Elle est arrivée en retard, l'école m'a appelée... » Il l'interrompra, entre gêne et agacement : « Mais pourquoi tu ne m'as pas demandé ? » Elle reprendra plus fort : « Bien sûr que je t'ai demandé. Tu n'as rien répondu. » Et comme un homme sait très qu'il ne peut pas entièrement compter sur sa mémoire, qui est plutôt sélective, et qu'il a très bien pu oublier l'affaire, il ne répliquera rien. Ravalera sa mauvaise conscience. Tandis que sa femme, elle, ruminera sa mauvaise humeur.

POUR LA FEMME, TOURNER AUTOUR DU POT, C'EST UNE FORME DE POLITESSE.

Si une femme ne va pas droit au but, c'est aussi parce qu'elle ressent la nécessité d'enrober sa demande, de l'envelopper. La délivrer tout net, brutalement, ce serait montrer de l'arrogance, ou se montrer exigeante. Avec, à la clef, un risque de conflit ou de confrontation. Et comme elle expérimente chaque jour que ce mode de communication peut fonctionner – avec d'autres femmes, qui tournent elles aussi autour du pot –, qu'il permet de bons rapports, paisibles, équilibrés et harmonieux, elle a du mal à réaliser que certains de ses interlocuteurs – les hommes, qui eux ne prennent pas de gants – n'en connaissent pas les règles.

DEUX FOIS PLUS DE VOCABULAIRE POUR UNE PETITE FILLE.

Les grandes disparités face à la parole démarrent très tôt dans la vie. Dans les faits, on l'a tous observé : les filles parlent plus vite et mieux que les garçons. À trois ans, il semblerait même qu'une fille dispose en moyenne de deux fois plus de vocabulaire que son voisin de crèche. C'est peut-être ce qui explique les difficultés scolaires des jeunes garçons par rapport aux filles, qui prennent très souvent la tête des petites classes, grâce notamment à leurs meilleurs résultats en français, grammaire, rédaction... Ensuite, quand les garçons rattrapent leur déficit, la situation se rééquilibre. D'autant que, dans le même temps, les garçons, eux, ont développé leur hémisphère gauche, montrant plus de facilité dans les domaines de la logique et de la rationalisation, en maths par exemple. Autre observation : en classe, les filles se font toujours rappeler à l'ordre parce qu'elles bavardent, les garçons parce qu'ils s'agitent.

DEUX FOIS PLUS DE MOTS PRONONCÉS PAR UNE FEMME.

Et on fait les comptes à l'âge adulte : une femme prononce en moyenne 7000 mots par jour, contre 3000 pour un homme. Ce qui prouve que quand on accuse un homme de ne pas avoir de conversation, ce n'est pas juste histoire de s'acharner sur lui.

D'ailleurs, il est amusant de souligner que les deux loisirs traditionnels des hommes, la chasse et la pêche, exigent justement un maximum de silence.

On peut aussi noter que les hommes ont un rapport très étrange avec le vocabulaire : comme ils utilisent deux fois moins de mots, ils ont intérêt à employer les bons. D'où un goût assez prononcé pour les grands mots, ceux qui se posent là, ceux qui font de l'effet, ... et vous feraient facilement passer pour un insupportable m'as-tu-vu qui pérore. Or, si un homme insiste sur « la nécessité d'un bon média-planning », à la place de « la nécessité de bien choisir les magazines dans lesquels on va passer cette publicité, en tenant compte non seulement de leurs lecteurs mais de la période de l'année », c'est tout simplement parce que d'un coup, d'un seul, il aura économisé 22 mots ; ce qui, sur son quota quotidien, n'est pas du tout négligeable.

Pour se résumer, si on note une présence plus importante de garçons dans les cabinets d'orthophonistes – on constate également que le bégaiement est plutôt une spécialité masculine –, on peut souligner que sur 10 patients de psy en tout genre, 9 sont des femmes.

Alors pourquoi une femme parle-t-elle, et autant ?

La femme bavarde parce qu'elle sait le faire.

Déjà, parce qu'elle en a les capacités. L'aptitude. Bref, elle est mieux équipée pour le faire : l'œstrogène, hormone typiquement féminine, augmente les capacités d'élocution. Au cours du cycle menstruel féminin, c'est même le jour de pic œstrogénique qu'une femme est le mieux en mesure de s'exprimer de façon parfaite. À l'inverse, le jour de pic de testostérone – là, il s'agit de l'hormone la plus typiquement masculine –, il y a toutes les raisons pour qu'elle s'emberlificote dans les mots et les phrases. De là à renouer avec les courbes de température et d'ovulation...

Cette capacité spécifique se répercute également dans l'apprentissage des langues étrangères, où les femmes excellent. Dans pratiquement tous les pays d'Europe où les carrières d'enseignement sont ouvertes à tous, équitablement, aux hommes comme aux femmes, les trois quarts des professeurs de langues étrangères sont des femmes.

Pour la femme, bavarder, c'est tisser un lien.

Ce qu'on fait bien, on aime le faire. Alors les femmes, tout naturellement, se sont mise à aimer bavarder. Bavarder, c'est jeter des ponts vers les autres, c'est échanger des idées ; ou de bonnes adresses. C'est remplir le vide entre les autres et nous, c'est maintenir le contact. Et ce n'est pas du tout perdre son temps, comme les hommes ont trop souvent tendance à le penser. C'est pourquoi une femme qui vient de passer trois semaines de vacances avec une amie pourra le jour même de leur retour rester trois heures avec elle au téléphone. Un homme se dira alors :

« Voilà trois semaines qu'elles ne se sont pas quittées ; qu'est-ce qu'elles peuvent bien avoir encore à se dire ou à se raconter ? » Alors que la femme, elle, cherchera seulement à éviter que le lien, si patiemment tissé, ne se brise trop brutalement.

Pour la femme, les mots sont des récompenses.

D'ailleurs, pour une femme, les paroles qu'elle prononce sont comme un contact qu'elle entretient, la preuve de son sentiment amical, ou même une récompense qu'elle dispense. Une femme qui se tait, quand elle n'est pas seule, c'est souvent une femme qui fait la tête.

Si elle est avec une femme, l'autre s'empressera quasiment aussitôt de « renouer le dialogue », de réactiver la relation. Par contre, si elle est avec un homme – qui, lui, considère le silence comme un répit –, il faudra paraît-il près de dix minutes consécutives de silence pour que son interlocuteur réalise qu'elle lui en veut.

Dernier détail : les femmes n'ont aucun problème à parler toutes ensemble. Parfaitement équipées pour écouter et parler en même temps, elles ne sont pas gênées par le brouhaha, et parviendront même dans ces conditions, sans grande difficulté, à « trouver leur voix » pour aller au bout de leur discussion. De même, elles sont tout à fait capables d'intervenir quand quelqu'un d'autre parle : pour elles, il ne s'agit pas d'interrompre l'autre, mais d'abonder dans son sens, d'enrichir son discours. Alors qu'un homme qui en interrompt un autre est plus vraisemblablement en position agressive.

La femme réfléchit en parlant.

Si la femme parle tant, c'est aussi parce qu'elle pense à voix haute. Pour réfléchir, pour classer, pour décider, elle parle. Son cerveau est configuré pour utiliser plusieurs ressources à la fois. Elle, elle peut parler et penser en même temps. Alors elle ne s'en prive pas. On en croise parfois, en voiture, toutes seules, qui ont l'air de se livrer à une vraie conversation. Et ce n'est pas toujours parce qu'elles sont en train de téléphoner sur leur portable mains-libres. Non. C'est plutôt parce qu'en laissant jaillir tout haut leurs idées ou leurs préoccupations, elles parviennent mieux à les identifier, à les traiter. D'ailleurs, par nature, une femme réfléchit mieux en parlant.

C'est tout le contraire d'un homme, qui, lui réfléchit impérativement avant de parler.

L'HOMME DOIT CHOISIR : PARLER OU PENSER.

D'abord, parce qu'il ne peut pas faire deux choses en même temps, compte tenu de son cerveau programmé pour n'utiliser qu'une seule de ses facultés à la fois. Il doit choisir : parler ou penser. Mais aussi parce qu'un homme « ne parle pas pour ne rien dire ». Soit il cherchera à délivrer une information – il s'efforcera alors de l'exprimer le plus clairement possible –, soit il répondra à une demande. Dans les deux cas, avant d'ouvrir la bouche, il commencera par digérer en silence tous les éléments dont il dispose. Quel que soit l'enjeu, quelle que soit la question, de « Voulez-vous ce nouveau poste à l'étranger ? » à « Papa, on fait la bagarre ? ». Puis il s'efforcera d'élaborer mentalement ce qu'il veut dire. Enfin, il le prononcera.

QUAND L'HOMME N'A PAS LA RÉPONSE, IL DEVIENT SOURD.

Bon, bien sûr, tout ça va prendre au plus quelques secondes, au pire quelques minutes ; il ne s'agit pas non plus de prendre rendez-vous pour la semaine d'après. Quoique...

Bizarrement, si on pose une question à un homme, et si, malgré ses efforts pour fournir la réponse, il s'en sent finalement incapable, il peut très bien se taire. Ou même faire semblant de ne pas avoir entendu la question. Dans un couple, ça peut créer des malentendus : le type qui se lève, sans un mot, en pleine discussion, et se retire dignement, laissant sa femme pantoise, les yeux exorbités, ça peut mener à une jolie dispute. Au bureau, ça peut virer à la torture mentale : combien d'hommes ont fait semblant de ne pas entendre une question et glissaient discrètement à autre chose, laissant combien de femmes à la fois frustrées et enragées, persuadées que ces enflures ne voulaient pas répondre, alors qu'ils ne le pouvaient simplement pas...

La femme déballe tout et trie après.

Mais ça, comment pourraient-elles le comprendre ? Pour elles, parler, c'est si naturel, et tellement vital. Si une femme a une longue journée devant elle, au petit déjeuner, elle ne pourra pas s'empêcher de la raconter par avance, de l'organiser. Son discours a l'air complètement désordonné et embrouillé. Il l'est. Elle jette tout comme ça vient. Elle triera ensuite. Elle déballe toutes ses obligations, sans priorité, semblant accorder la même importance à un rendez-vous déterminant en début d'après-midi et au fait de devoir passer au pressing. Quand elle finira par se taire, tous les témoins de ses apparentes divagations, ployant sous le poids de cette décourageante liste de corvées, se diront qu'elle est loin d'être sortie d'affaire. Mais pour elle, tout sera devenu clair.

L'homme, en cela aussi, est fondamentalement différent. Son cerveau est très compartimenté. À chaque faculté correspond une zone cérébrale spécifique. Il a donc la capacité de classer et de stocker l'information mentalement dans ses tiroirs parfaitement organisés. Ce qui tombe vraiment bien, puisqu'il n'a pas pleinement celle de verbaliser. Bilan : si un homme a une tonne de choses à faire, il se tait, et il s'y met.

L'homme se sent obligé de donner des conseils.

Moyennant quoi, quand il se trouve placé sous ce torrent de paroles, un homme a du mal à saisir son rôle. Sa fonction. Il ne peut pas concevoir qu'une femme, en s'ouvrant de cette façon, se contente d'évoquer ses préoccupations, sans rien attendre de plus. Par ailleurs, il se suppose toujours jugé sur sa capacité à résoudre les problèmes, à réparer les pannes – c'est son côté S.A.V., service après vente.

Il peut donc avoir la tentation de glisser un conseil.

Pour se rendre utile, se donner l'impression de contribuer aux tâches de la maison, il suggère : « Et si, plutôt que de passer au pressing ce soir, tu y allais ce matin, il y aurait moins d'embouteillage à cette heure-ci ?... » Alors comment peut-il comprendre, le pauvre, qu'il vient de gripper les rouages d'une réflexion ? Et comment peut-il admettre qu'on lui réplique si violemment : « Eh bien si c'est ça, puisque tu es si fort, tu y passeras toi-même, au pressing. »

Qui a dit que l'homme n'écoute pas ?

Et ce n'est franchement pas de chance pour lui, qu'elle réagisse comme ça. Parce que s'il s'était écouté, cet homme-là, s'il n'avait pas cherché à se montrer agréable, s'il ne s'était pas efforcé, malgré son penchant naturel, de venir en aide à cette femme apparemment dans le désarroi, il se serait tu. Car quand un homme écoute, sa grande spécificité, c'est justement de se taire. C'est souvent ce qui donne l'impression à une femme qu'un homme n'écoute pas. Son air indifférent, lointain, impassible. C'est dû, une fois de plus, à la compartimentation de son cerveau : quand un homme écoute, entièrement occupé à écouter et à enregistrer ce qu'il entend, il n'est pas en mesure de mobiliser ses émotions, et de montrer l'effet que ces paroles produisent sur lui. Ajoutez à cela qu'il a été conditionné à ne pas manifester ses sentiments, et vous comprendrez où le plus vieux conflit entre hommes et femmes a pris sa source.

Ces disparités, bien sûr, peuvent être à l'origine de bien des conflits. Dans certains aspects anecdotiques de la vie, tels qu'ils ont pu être évoqués ici. Mais aussi dans les strates plus profondes des relations. Si l'homme et la femme ne savent pas et n'admettent pas que la parole est une qualité injustement distribuée, qui remplit des fonctions diverses en fonction des sexes, s'ils prennent pour acquis qu'il s'agit d'une aptitude objective, objectivement utilisée par tous, ils vont forcément vers de grandes déceptions. Et des lendemains qui chantent moyennement.

La femme mitraille. L'homme vise.

Dans le salon, la télévision est allumée. Et les enfants bavardent tout en la regardant d'un œil distrait. La femme range des papiers, assise en tailleur devant la table du salon. Le téléphone sonne. L'homme se lève. Et dans son mouvement, exige d'un ton impérieux : « Taisez-vous, les enfants, et toi, baisse la télé. » Sans même dire s'il te plaît. On pourrait aisément conclure qu'il est odieux. Et lui balancer une gentillesse ou deux. En réalité, il faut l'excuser car il est incapable de faire mieux. Toutes ses facultés étant pour le moment concentrées sur la nécessité de répondre à l'appel de la sonnerie, il commence par en oublier tout le reste : d'être courtois et poli. Et pour se préparer à être en mesure d'écouter, il a besoin de faire le silence complet autour de lui.

L'homme établit des priorités.

Tous les auteurs sont d'accord : le cerveau d'un homme, c'est un grand meuble de bureau avec une multitude de tiroirs bien étiquetés. D'ailleurs, même si les hommes ont horreur de faire du ménage, ils doivent admettre qu'ils préfèrent vivre dans un environnement impeccablement rangé plutôt que dans un désordre savamment organisé. En réponse à chaque sollicitation, l'homme ouvrira le tiroir approprié. Et si plusieurs sollicitations déboulent en même temps, eh bien l'homme va parfaitement s'en accommoder. En établissant des priorités. Quel est le plus urgent ? Quel est le plus important ? Quel est le plus intéressant ? D'où son indéniable talent à organiser, la vie de famille, comme celle du bureau. Parfois, la priorité est tout simplement une petite plage de repos, juste avant d'attaquer un gros problème à régler. Mais même ce sursis qu'il se donne, l'homme ne le vit pas comme une lâcheté – le désir irrésistible de repousser à plus tard une corvée qui l'ennuie – mais comme une stratégie : vider son esprit avant d'entamer une tâche ou une réflexion qui va mobiliser toute sa concentration et toute son énergie.

L'HOMME NE RÉFLÉCHIT QU'À UNE SEULE CHOSE À LA FOIS.

Une seule chose à la fois, mais la faire bien : pour réfléchir, un homme a besoin de silence. Parce qu'un homme est programmé pour ne compter que sur lui-même – encore un héritage de ses ancêtres les chasseurs –, son cerveau est configuré pour chercher tout seul toutes les solutions à ses problèmes et dispose donc d'une extraordinaire capacité de concentration. Par contre, en se refermant sur lui-même, il se prive sans s'en rendre compte de l'avis des autres, de l'éclairage qu'ils pourraient donner aux problèmes, et des pistes qu'ils pourraient suggérer pour les résoudre.

Une femme, elle, parce qu'elle peut faire fonctionner plusieurs de ses ressources à la fois, pourra, tout en réfléchissant, parler avec les autres, confronter leurs positions, explorer les possibilités qu'ils évoquent. Elle ouvre son esprit aux autres, et accepte qu'ils y pénètrent. Elle ne se sent pas envahie, mais aidée. Elle ne les ressent pas comme des intrus, mais comme des alliés. Et si la solution vient d'un autre – ou d'une autre –, elle ne se sentira pas froissée ou diminuée. Mais soutenue et secondée.

L'HOMME REPÈRE SA CIBLE, VISE ET TIRE.

Quand il se lance, dans l'action ou dans la réflexion, l'homme va jusqu'au bout. Jusqu'à ce qu'il puisse ranger le dossier dans son tiroir avec le tampon « fait » sur la première page ; qu'il l'ait complètement terminé, ou qu'il soit obligé de le laisser en plan, compte tenu de l'état actuel de ses connaissances. Il passe ensuite au suivant, dans l'ordre initialement établi des priorités. Bien sûr, ça peut aussi agacer. Car une femme aura beaucoup de mal à accepter qu'un homme, consulté pour un avis, lui demande de revenir plus tard. Lui, c'est pour ne pas être parasité dans ce qu'il est en train de faire. Elle, elle se dit qu'il se la joue un peu : « Il ne pourrait pas s'interrompre un instant ? Pour qui il se prend ? » Elle supporte mal également qu'il ne puisse pas l'écouter pendant qu'il fait la cuisine. Ou qu'il plante un clou. Ou qu'il se rase. Ou qu'il mange. Ou qu'il change une roue. Ou qu'il prend un café au distributeur. Ou qu'il conduit. Ou qu'il dort. Bref, jamais.

« Qui a dit que l'homme n'écoute pas ? » Le retour.

Et ce n'est pas seulement que pour un homme, ce n'est jamais le bon moment pour écouter. Il y a pire.

Incapable de faire plusieurs choses à la fois, l'homme établit des priorités, et c'est parfait. Seulement, parfois, ses priorités ne sont pas forcément celles que son entourage imagine. Si un soir, face à un match de foot, sa femme lui apprend qu'ils sont invités à déjeuner, dimanche, chez des amis, à votre avis, qu'est-ce que l'homme va retenir ? Les plus belles actions du match et le score. Et dimanche matin, quand il traînera, placide, d'un canapé à l'autre, entre *Téléfoot* et *Libé*, quand il finira par observer que sa femme s'agite de façon excessive, entre les livres à couvrir pour la grande et le bain du petit, et quand il demandera, candide : « Mais pourquoi tu ne viens pas t'asseoir un peu ? », en désignant gentiment la place à côté de lui, il aura bien du mal à comprendre comment il a provoqué ce maelström dévastateur de reproches et d'insultes.

La femme mène tout de front.

Le cerveau d'une femme, lui, est aussi comme un grand meuble, d'accord ; avec plein de tiroirs, c'est vrai ; mais qui seraient tous ouverts en même temps. L'avantage, c'est qu'une femme peut mener à bien plusieurs projets à la fois. L'inconvénient, c'est qu'elle peut se perdre en route.

Les femmes ont la réputation de parler toutes ensemble et parfois de plusieurs choses à la fois ? Non seulement c'est vrai, non seulement c'est possible, mais elles ont le même fonctionnement pour tout, dans tous les aspects de leur vie : grâce à leurs fonctions cérébrales branchées en permanence et connectées entre elles sans efforts, les femmes sont tout à fait capables de faire plusieurs choses à la fois. La circulation des informations se fait de façon fluide, sans à-coup, et il n'est pas rare de voir une femme téléphoner tout en montant une chantilly et en surveillant les devoirs du petit. De la même façon, on croise tous les jours des femmes qui se maquillent en voiture, et pas forcément au feu rouge. À se demander si leurs yeux sont dirigés sur le rétroviseur, ou vers la route – mais il ne faut pas oublier leur vision latérale à 180°, qui aide aussi à faire plusieurs choses simultanément.

Pour une femme, tout est « en cours », en même temps.

Quant aux sujets qu'elle a à traiter, ce sera dans l'ordre où ils lui viennent à l'esprit. Tout est « en cours » en même temps. Elle fonctionne essentiellement par association d'idées. Et, même si elle a décidé de se focaliser sur un seul sujet, elle peut très bien s'interrompre pour suivre une autre piste, sur un autre dossier.

Autour de la table de la salle à manger, la famille organise ses vacances, avec cartes routières, guides touristiques et catalogues. Elle peut très bien planter tout le monde pour aller brancher le four, histoire de ne pas passer à table trop tard. Et finir par se retrouver à éplucher des pommes, parce qu'elle vient de se rendre compte que, demain, elles seront complètement gâtées. Pas étonnant qu'elle provoque une grande rumeur de mécontentement dans la pièce d'à côté : « T'es pas marrante, pour une fois qu'on était là tous ensemble... » C'est vrai qu'il peut lui arriver de se disperser. Et c'est sans doute le reproche qu'elle a le plus souvent à affronter. Mais si ce n'est pas elle qui avait sauvé ces pommes, qui ?

La femme est un homme-orchestre.

Par contre, on ne pense pas toujours à la remercier pour ce qu'elle est : une experte de la pluridisciplinarité. Pour faire simple, c'est elle qui se tape tout le boulot. Selon les sources les plus sérieuses, une femme française double son temps de travail par les tâches qu'elle accomplit à côté. À côté, contrairement à ce que serinent certaines âmes bien intentionnées et faussement compatissantes, ce n'est pas seulement le ménage ou les enfants. C'est aussi sa vie associative, sa gym, ses leçons de japonais ou son brevet de pilotage d'avion. En tout cas, l'un dans l'autre, ça nous fait dans les 70 à 80 heures d'activité par semaine. Quand on pense que la femme n'avait pas été programmée pour faire, mais pour être !

Cela dit, on ne peut pas non plus exclure totalement son rôle essentiel dans l'équilibre de la maison. D'abord, elle se rend mieux compte de ce qu'il y a à faire. C'est elle, grâce à sa vision panoramique, qui voit la poussière sur l'ordinateur, les fleurs qui piquent du nez et qu'il faudrait jeter. C'est elle, grâce à sa grande acuité, doublée de sa grande sensibilité, qui se rend compte que sa fille fait une drôle de tête, et qu'il ne serait peut-être pas inutile de trouver un moment pour lui parler. C'est elle, grâce à son sens du détail, qui repère que les cols de chemise de son mari sont sur le point de céder, et songe qu'il serait temps de refaire le plein samedi prochain.

Ensuite, comme elle est incapable de demander, c'est elle qui fait.

LA FEMME VIT PLUSIEURS VIES À LA FOIS.

Une femme racontait que, du jour où elle s'était mariée, elle s'était mise à avoir l'impression de vivre en « stéréo ». Sa propre vie et celle de son mari. Une sorte de don d'ubiquité. Et si elle savait qu'il avait un rendez-vous angoissant en début d'après-midi, c'est elle qui était nouée pendant tout le déjeuner. La situation s'est encore compliquée quand elle a eu des enfants, une fille et un garçon. Elle vivait alors quatre journées en parallèle, avec petits pincements au cœur aux heures de contrôles. Bref, non seulement une femme pense à tout ce qui la concerne, mais à tout ce qui concerne ceux qui comptent pour elle.

Quelle que soit son activité, travail ou loisir, un homme, lui, est tout à ce que qu'il fait.

Dans la même situation, la femme suit de loin le cours de la vie des siens. Tous « ses dossiers » étant ouverts en même temps, le soir, elle saura demander à son aîné comment s'est passé son devoir sur table, au plus petit s'il s'est bien couvert en rentrant de la piscine, et à son mari s'il a pensé à réserver les billets d'avion pour le week-end. Parfois, c'est usant. Pour elle. Et peut-être même pour les autres. Mais, malheureusement, la femme ne peut pas s'en empêcher. Ce n'est pas elle qui décide. C'est son cerveau. Alors, c'est vrai, quand la pression est trop forte, c'est la révolte. Et elle jure qu'elle ne s'occupera plus de rien.

Rien du tout, et arrangez-vous tout seuls. À partir de maintenant, je pense à moi, et seulement à moi. Et si tu t'enrhumes, tant pis pour ton foot de dimanche. Et toi, si tu doubles, après tout, qu'est-ce que ça peut me faire, c'est toi qui perdras une année. Et de toute façon, ce week-end, je m'en fous complètement, je vais me taper une thalasso toute seule, besoin de personne, je vous déteste.

Elle tient un jour. Allez, deux, si elle est vraiment remontée. Mais très vite, son cerveau reprend ses droits. Et sa fonction.

LA FEMME PEUT PENSER À TOUT.

Savoir comment l'homme et la femme utilisent leurs talents spécifiques face à des tâches à accomplir, c'est s'épargner bien des ressentiments et bien des reproches, bien des frustrations et bien des déceptions. Mais c'est aussi, peut-être, se diriger naturellement vers des rôles et des fonctions qu'on peut mener à bien avec plus de facilité. En ce début de millénaire, risque-t-on encore de se faire traiter de sexiste si on rappelle que 90 % des secrétaires sont des femmes ? Et que ce n'est pas seulement – obligatoirement – parce que les hommes s'efforcent de les maintenir dans des fonctions subalternes, mais parce qu'elles en ont, bien plus que les hommes, les capacités : mener plusieurs tâches de front, des anecdotiques comme des essentielles ; être capable de changer de ton, d'expression, pour mieux se faire comprendre et entendre de ses interlocuteurs ; anticiper les besoins ; parler plusieurs langues... L'admettre, ou le soutenir, ou même le défendre, est-ce que ce n'est pas commencer à faire valoir des talents spécifiques, à valoriser une fonction – et donc, peut-être, la rémunération qui va avec – contre tous ceux, hommes et femmes, qui continuent à considérer ce métier comme un pis-aller, à défaut de mieux ?

Et il en va de même pour d'autres métiers, qui, dans l'échelle des valeurs masculines, sont quasiment au ras du sol, et mériteraient d'être reconsidérés.

Les hommes sont organisés, savent établir des priorités, vont au bout de ce qu'ils ont commencé, et c'est pour cela qu'on leur confie certaines responsabilités. Les femmes sont sensibles, attentives, d'une incroyable acuité. Et capables de penser à tout en même temps. Ce n'est pas une caractéristique pittoresque et dérisoire. C'est une faculté – une capacité, un talent – qu'il serait légitime de reconnaître et de récompenser à bon escient.

LA FEMME PEUT MÊME PENSER AU PIRE.

À force de penser à tout, on finit par penser au pire. À l'imaginer. À en souffrir. Et à devenir pesant pour les autres. La mère qui ne s'endort pas avant d'avoir entendu ses enfants rentrer. La femme qui ne vit pas tant que son mari ne l'a pas appelée pour lui annoncer qu'il est bien arrivé... Les femmes sont beaucoup plus anxieuses que les hommes. Pourquoi ?

La femme a été conditionnée, dès son séjour dans la grotte, à voir venir tous les dangers, à détecter, dans une situation apparemment normale, le moindre détail qui détonne, à appréhender le moindre risque. Pas étonnant qu'elle s'inquiète plus. En plus, même au repos, un cerveau féminin montre encore 90 % d'activité électrique : s'il n'a pas une occupation sur laquelle se concentrer, il divague, d'un sujet à l'autre. Les centres rationnels et émotionnels du cerveau féminin sont en connexion permanente : quand elle divague sur un sujet, les faits et les inquiétudes cohabitent, sans limite nette entre les deux. Et voilà comment on se tricote une grosse angoisse.

La femme sait ce qui se passe. L'homme sait où il est.

Grande soirée très chic. Elle a passé trois heures à choisir sa robe. Et ses chaussures. Et ses boucles d'oreilles. Et son pashmina. Et son sac. Et son rouge à lèvres. Et perdu dix minutes à le convaincre qu'il fallait qu'il change de chemise, qui n'allait pas du tout avec son costume.

Il y avait plein de monde. Et ils ont passé une bonne soirée.

À PROPOS D'INTUITION FÉMININE.

À présent, ils rentrent. Sur le chemin vers la voiture, elle lui dit : « Tu le savais, toi, que Machin et Chose sont sur le point de divorcer ? – Non, mais qui te l'a dit ? – Personne, mais ça n'a vraiment pas l'air d'aller entre eux. – Ah, je n'ai rien remarqué. – Pourtant, ça saute aux yeux. » Pas aux siens. Il se tait, penaud. Elle reprend : « C'était bon, mais il y avait vraiment beaucoup trop. Des tas de gens n'ont pas dû venir au dernier moment. Sans se décommander. C'est sûrement pour ça que Truc (leur hôte) faisait la tête... – Il faisait la tête ? – Et comment… Pas à nous, bien sûr, on était là. Mais moi, à sa place, j'aurais été désespérée. – Désespérée ? – Je veux dire, bien embêtée. » Il lui serre plus fort le bras, comme pour la protéger de ce chagrin qui menaçait. Elle se dégage brutalement : « Bon, ce n'est pas la peine d'en faire trop. Tu sais, ce n'est pas en étant gentil avec moi maintenant que je vais passer l'éponge sur ce qui s'est passé ce soir... – Il s'est passé quoi ? – Ne fais pas l'idiot. Tu sais très bien. – Je t'assure, je ne vois pas... – Une espèce de thon te colle façon superglu, et toi tu ne vois rien. À d'autres. D'ailleurs tu aurais bien été le seul. Tout le monde s'en est rendu compte. J'en étais gênée. Je veux dire pour toi. Parce que moi, je m'en fous... » Elle parle de plus en plus fort. Pas loin de la colère. Ils arrivent à la voiture. Normalement, elle lui aurait lancé les clefs, qui étaient dans son sac, pour qu'il conduise. Mais c'est elle qui prend le volant, pour bien lui montrer qu'elle n'a besoin de personne.

Et là, elle démarre. Dans le mauvais sens. À l'opposé de chez eux. Ah, il la tient, sa revanche.

La femme a cinq sens sans cesse en éveil et une acuité sans pareille pour toujours savoir tout ce qui se passe. Même si on ne lui dit rien. L'homme a, en un point infiniment précis de son cerveau, une petite zone très spécialisée qui lui permet de très bien savoir où il est. Même si pour tout le reste, il est complètement largué.

LA FEMME SAIT INTERPRÉTER LES MESSAGES DES BÉBÉS.

Dans sa grotte – la revoilà –, il y a longtemps, la femme devait saisir les moindres changements de son environnement pour anticiper tous les dangers, et les moindres signaux des membres de son entourage, surtout les bébés, pour satisfaire tous leurs besoins. Aujourd'hui, rien n'a changé.

À la fin des années 70, une expérience a été menée pour déterminer la capacité des hommes et des femmes à « lire » le langage corporel des nourrissons. Sur bande vidéo muette, on leur montrait plusieurs bébés en pleurs, à la suite, dans des attitudes différentes. La plupart des femmes ont pu déchiffrer la majorité des messages : faim, sommeil, besoin de faire un rot, douleur, colique, etc. Les hommes, eux, en décodaient deux au plus. Avec, comme explication la plus fréquente : « Il veut sa maman. » Ce qui est, somme toute, l'interprétation la plus confortable, quand on est un papa bien perplexe, qui cherche à passer le bébé à quelqu'un d'autre.

LA FEMME SAIT ENTENDRE CE QUE SES PROCHES NE LUI DISENT PAS.

Dotée des capacités sensorielles les plus performantes du marché, une femme est capable de dire si sa meilleure amie va bien – ce serait pareil avec sa pire ennemie – au seul son de son bonjour au téléphone. Et si elle la rappelle dans la journée – ce qui pourrait bien arriver –, elle sera en mesure de déceler aussitôt le moindre changement de son humeur.

Sans même la voir, c'est fort.

Et qui peut le plus peut le moins : si vous lui donnez la possibilité de la regarder, elle pourra encore affiner son jugement. Vous dire pourquoi elle va bien. Ou pourquoi elle a traversé un petit coup de mou dans l'après-midi. Comment ? En se servant de tous ces signaux non verbaux qu'on passe son temps à adresser aux autres et qui constituent paraît-il jusqu'à 80 % des messages qu'on émet.

La femme sait démasquer les menteurs.

Pas besoin de prévenir une femme qu'on est sur le point de se mettre en colère. Elle le sait. Et prépare déjà sa réplique. Alors que tant qu'un homme n'a pas toutes les preuves sous les yeux – cris, larmes, coups, couteau à cran d'arrêt, pistolet chargé –, il doute. Et espère encore s'en sortir par une pirouette.

Et difficile de mentir à une femme : vous vous échinerez peut-être à lui dire et à lui répéter que vous êtes vraiment passé chez le fleuriste, mais qu'il était fermé. Elle, ce qu'elle entendra, c'est le ton trop convaincant que vous avez employé. Cette accélération suspecte sur les mots qui gênent. Cette envie manifeste de passer au plus vite à un autre sujet. Et puis elle notera ce léger rosissement des joues, cette main légèrement crispée sur la poignée de la porte d'entrée, et cet air légèrement faux jeton que vous vous êtes pourtant évertué à masquer. Alors vous imaginez quand il s'agit de repérer une idiote qui vous tourne autour avec des airs de ne pas y toucher...

Mais comment fait-elle ?

La femme sait détecter les besoins des autres.

Elle se sert de ses sens, qu'elle a très perfectionnés : elle voit, entend, sent, touche et goûte mieux que l'homme. Elle recueille toutes ces informations dans son cerveau surentraîné, qui les transfère d'un hémisphère à l'autre avec l'adresse d'un jongleur surdoué, pour les analyser. Et grâce à cet équipement de premier ordre, elle sait décoder le langage corporel, déchiffrer les signaux visuels, entendre ce qu'on ne dit pas, voir ce qu'on ne montre pas, savoir ce qu'on cherche à lui cacher et comprendre ce qu'on ne prend pas la peine de lui expliquer.

Bref, elle a développé une acuité maximum aux choses et aux gens et une étonnante perspicacité. Mais pouvoir ne suffit pas. Encore faut-il vouloir. Elle, elle veut. Elle veut être en bonne relation avec les autres pour vivre avec eux en harmonie. Elle veut connaître leurs besoins, leurs désirs. Et par-dessus tout, elle veut les combler.

La femme sait se souvenir de ce qui fait plaisir.

Alors elle fait les efforts qu'il faut pour cela. Notamment, elle muscle sa mémoire. Pour cela, elle peut compter sur une bonne imprégnation en œstrogène, hormone féminine par excellence, tout à fait déterminante pour améliorer cette faculté. D'ailleurs, à la ménopause, quand le taux en œstrogène chutera, sa mémoire aura tendance à faiblir.

La femme s'efforce donc de se souvenir d'un maximum de choses, qui permettront de faire savoir aux autres qu'ils ont de l'importance. Le plus souvent, il suffit à une femme d'avoir entendu une seule fois un prénom pour s'en souvenir. Le prénom de ses collègues de bureau, des amis de son fils, de l'institutrice de sa fille, du garçon qui lui sert son café au zinc tous les matins, de la baby-sitter qu'elle ne fait venir que deux fois par an… Son cerveau stockera tous ces détails en se servant de ses capacités rationnelles, pour ce qu'elle a besoin de retenir.

Efficacement secondée, quand c'est nécessaire, par ses capacités émotionnelles, pour ce qu'elle désire mémoriser. Notamment les plats préférés, les fleurs préférées, les chocolats préférés, la couleur préférée, la musique préférée de son entourage proche, de ceux qui « lui tiennent à cœur ». C'est sa façon de dire : « Je tiens à vous, votre bien-être me préoccupe et je m'emploie à y contribuer. » Ne sombrons pas non plus dans le plus stupide angélisme : tout ceci n'empêche pas certaines d'être de sacrées garces. Mais c'est une autre histoire.

Les hommes, eux, n'ont pas ce penchant naturel. Ils peuvent avoir entendu dix fois de suite qu'une femme hait les glaïeuls, lui en offrir une onzième fois, se sentir très fiers d'avoir pensé à passer chez le fleuriste, s'apprêter à recevoir béats une grande brassée de remerciements et de compliments, et se sentir victimes d'une profonde injustice quand elle les accueille avec tout juste un sourire mitigé. Quand ce n'est pas avec tombereau d'injures. Comment s'étonner après ça qu'ils décident de régler le problème en ne rapportant plus jamais de fleurs ?

La femme sait déchiffrer les relations entre les gens, même s'ils lui sont inconnus.

Une expérience sous surveillance vidéo a montré comment se comportent un homme et une femme dans les premières minutes où ils entrent dans une pièce peuplée de gens connus et inconnus. Le visage de l'homme sera sans cesse en mouvement. Il commence par localiser les sorties possibles, pour parer à toute attaque impromptue. Puis il part en quête des visages familiers, pour dénombrer ses alliés. Puis son regard balaie la pièce, paraît-il pour faire un état des lieux, et recenser ce qui mériterait d'être réparé – trou dans la moquette, tableau de travers. Le visage de la femme, lui, semble ne pas avoir bougé.

Pourtant, si vous interrogez l'homme à ce moment-là, il pourra vous délivrer toutes les informations que vous l'avez vu recueillir. Point final. La femme, elle, vous parlera de plusieurs personnes. Vous décrira leur tenue. Vous dira qui est de bonne humeur et qui est contrarié. À propos de ceux qu'elle ne connaît pas, elle émettra des hypothèses – souvent exactes – sur qui est avec qui. Et, dans la foulée, pariera sur ceux qui ont une chance de devenir ses amis, et ceux qu'elle rejette a priori.

Aussitôt après, l'homme se mettra sans doute en quête de la plus jolie fille de la soirée, histoire de se conformer à ses instincts de chasseur. Mais ce n'est pas ce que cette expérience cherchait à prouver.

... Oui mais l'homme sait où est le nord.

À propos d'instincts de chasseurs, il est temps d'en venir à l'une des facultés les plus développées chez l'homme : la spatialisation. Dans la vie courante, on appelle ça le sens de l'orientation. Et c'est ce qui permet à un homme normalement constitué de désigner le nord en toute circonstance, même s'il ignore où il est, même si on l'a baladé pendant trois heures les yeux bandés, même si on l'a enfermé dans une pièce aux fenêtres obstruées. Et sans boussole...

Dit comme ça, ça paraît moyennement affriolant. Mais quand on apprend toutes les conséquences de ce talent, dérisoire en apparence, plus d'une femme serait presque prête à signer pour une grande poussée de testostérone – l'hormone mâle déterminante en matière de spatialisation – quitte à se couvrir de poils inopportuns, à perdre ses cheveux sur le front, et à s'affubler d'une voix de baryton.

L'homme sait se repérer dans l'espace.

La capacité spatiale, située dans son hémisphère droit, s'est développée chez l'homme dans les temps les plus archaïques pour lui permettre d'accomplir sa mission de chasseur. Repérer la proie. Se repérer pour la rejoindre. Repérer la direction où doit partir le projectile.

Puis repérer le chemin du retour, parce que si ce n'était pas pour rentrer avec à la maison, ce n'était pas la peine de se donner tant de mal.

Pour la femme, qui se consacrait à la cueillette dans un rayon de quelques mètres autour de la grotte, sans jamais la perdre de vue, la capacité spatiale ne constituait pas un atout fondamental. Elle s'est donc confusément localisée sur les deux hémisphères cérébraux. Et on peut considérer aujourd'hui que 10 % des femmes ont une bonne capacité spatiale. Ce qui nous en laisse malgré tout 90 % sur le carreau.

Qu'est-ce que la capacité spatiale ? C'est la faculté de se situer soi-même et de situer les objets qui nous entourent dans un espace en trois dimensions. C'est donc, quand on est un chasseur de l'époque des cavernes, la possibilité d'évaluer la distance entre les choses et nous, d'évaluer la direction qu'il faut prendre pour aller de nous à eux, d'évaluer la force et la vitesse qu'il faut utiliser pour les atteindre... Entre-temps, la chasse a changé de statut : de préoccupation vitale, elle est devenue activité de loisir. Par contre, cette capacité spatiale, durement gagnée par des siècles de longues heures en solitaire au beau milieu de nulle part, a laissé quelques séquelles pas négligeables.

L'HOMME SAIT JOUER AU BALLON.

La description qui vient d'être donnée de la capacité spatiale fait immédiatement penser au golf, au tennis, aux fléchettes, au foot et à tous les jeux de ballon. Et il est vrai que ce sont des activités très appréciées des hommes, sans doute parce qu'ils y sont plutôt bons, qu'ils ont pour les pratiquer ce qu'on appelle des prédispositions. Les femmes ont beau s'entraîner, il faut admettre qu'elles ne soutiennent pas la comparaison. Et à la lumière de ce que le cerveau et son évolution nous apprennent, on peut enfin reconnaître, sans se faire traiter d'antiféministe, que ce n'est pas parce que les stades, les courts et les greens ne leur sont pas ouverts depuis aussi longtemps. Les femmes sont moins bonnes là-dedans parce qu'elle sont moins bonnes là-dedans, c'est tout ; même si Mademoiselle Sanchez a toutes les chances d'humilier jusqu'à la honte tous les hommes de notre entourage.

L'HOMME SAIT TROUVER SON CHEMIN.

Premier avantage accessoire de cette capacité : quand il cherche son chemin en voiture et consulte un plan, un homme n'y voit pas, comme la majorité des femmes, un enchevêtrement confus de lignes et de signes, mais une reproduction compréhensible de la réalité. Il va pouvoir mentalement s'y projeter et s'y retrouver. Si la carte est dans le mauvais sens – il va vers le sud, la carte est dirigée vers le nord –, il lui suffira de la faire pivoter mentalement. Alors qu'une femme commencera sans doute par la faire tourner sur ses genoux, pour la mettre dans la bonne direction, et finir par se rendre compte que tout est écrit à l'envers.

Une fois qu'il aura repéré son chemin, un homme pourra se guider par le seul souvenir de ce qu'il a vu. Alors qu'une femme gardera le plan sur les genoux. Craignant qu'en ne tombant inopinément par terre, il l'empêche de freiner, elle décidera finalement de s'arrêter au bord de la route.

Enfin, si l'homme retourne deux fois au même endroit, comme il aura judicieusement stocké dans son cerveau bien compartimenté toutes les informations qui lui sont utiles, il n'aura même pas besoin de rouvrir son plan. Alors qu'une femme, elle, devra tout recommencer à zéro.

Si elle est seule dans sa voiture, ou avec une autre femme, pas de problème : entre handicapées de la capacité spatiale, on se comprend et on se soutient.

Par contre, si elle est avec un homme, que ce soit elle ou lui qui conduise, il y a fort à parier que la situation va très vite dégénérer. Parce que l'homme – comme la femme – considère que ce qu'il sait faire, et sans difficulté, tout le monde doit savoir le faire. Et qu'il aura tendance à prendre un ton assez déplaisant pour le lui faire savoir.

L'HOMME SAIT RETROUVER SA PLACE.

Une fois parti au loin, l'homme des cavernes s'arrangeait toujours pour retrouver son foyer. C'était une question de survie.

Pour sa place de parking, aujourd'hui, c'est moins essentiel, et pourtant, c'est pareil. L'homme la retrouve. Et aussi sa place dans un stade après la mi-temps, dans un théâtre après l'entracte, dans un cinéma après être allé chercher des pop-corns... Alors que tous les sièges se ressemblent, que les rangs sont mal indiqués, et les numéros cachés sous les accoudoirs, lui, sans même se rendre compte de l'exploit qu'il accomplit, se dirige sans hésiter vers sa place, quasiment en sifflotant.

Faut-il à présent décrire une femme dans un parking ? Au bord de la panique, elle refait pour la troisième fois le tour du troisième niveau – elle se connaît, elle avait noté l'étage sur son ticket. Elle regarde pour la dix-septième fois sa montre – parce qu'à force, elle est carrément en retard. Crispée sur sa clef, elle actionne frénétiquement le bouton d'ouverture électronique des portes, espérant, sans trop y croire, que sa voiture finira par avoir pitié d'elle et se signalera à son bon souvenir par un petit clignotement des feux arrière. Mais après tout, est-ce que c'est le bon niveau ? Et au fond, est-ce que c'est le bon parking ?

Heureusement, certains observateurs compatissants ont suggéré aux directeurs de parking de désigner les niveaux non plus par leur étage, mais par des images plus suggestives : sur les Champs-Élysées, à Paris, l'un d'eux se sert des grands classiques du cinéma, dont les images chargées d'émotion s'impriment beaucoup plus aisément dans la mémoire affective des femmes. Depuis, il paraît qu'on en voit beaucoup moins, hagardes, errer sans relâche d'un niveau à l'autre.

L'HOMME SAIT RECONSTITUER CE QUE SES YEUX NE VOIENT PAS.

Quand un homme observe avec attention le plan d'une maison ou d'un appartement, son cerveau ne se contente pas des deux dimensions qui lui sont fournies, il en crée une troisième : c'est... la troisième dimension. Bref, un homme qui regarde un plan, plat, peut le voir en 3D s'il le désire. De la même façon, si on lui montre la photo d'un monument, il pourra beaucoup plus facilement qu'une femme « se projeter » sur place, tourner autour de l'édifice, reconstituer ses contours...

Montrez un dé à un homme, puis posez-le sur la table ; à tous les coups, il saura vous dire sans attendre et sans hésiter quel est le chiffre de la face cachée. Une femme aussi. Mais si elle prend d'abord le temps de passer en revue toutes les faces visibles...

C'est aussi ce qui explique le goût si prononcé des garçons pour les jeux vidéo – en dehors, bien sûr, de leur tendance naturelle à toujours remettre à plus tard le moment de se mettre à leurs devoirs. Un jeune garçon se sent à l'aise dans cet univers virtuel où il doit imaginer une profondeur qui n'existe pas, transformer un objet bi-dimensionnel en objet tri-dimensionnel, en se servant simplement de son cerveau. Pour lui, c'est un vrai défi, qu'il prend beaucoup de plaisir à relever. Sans compter celui de tirer sur tout ce qui bouge, sans réfléchir.

C'est enfin ce qui conduit plus volontiers les hommes à être contrôleurs aériens, pilotes de ligne, ou architectes. Et ce qui leur permet de bien faire leur métier.

Il y a aussi des femmes architectes, c'est vrai. Mais un chiffre relevé dans des statistiques britanniques peut faire réfléchir : alors qu'à l'université, les étudiantes sont aussi nombreuses que les étudiants, on ne compte plus qu'une femme pour neuf hommes qui pratiquent par la suite leur profession. Entre-temps, elles ont préféré élever leurs enfants ? Elles se sont violemment fait évincer par des concurrents sans scrupules et pleins de préjugés sur les femmes ? Ou bien elles se sont finalement rendu compte qu'elles n'aimaient pas vraiment cette voie qu'elles s'étaient choisie ?

L'HOMME SAIT COMPTER.

Peut-être parce que les chiffres relèvent aussi de la capacité spatiale, chez les comptables également, on note près de 80 % d'hommes, même si le nombre de femmes est en augmentation constante. Tout comme, pendant des années, les garçons se sont montrés bien meilleurs en maths, tandis que les filles, qui désespéraient leurs profs en comptant sur leurs doigts, les dominaient en français.

En tout cas, aujourd'hui, alors que dans l'enseignement on observe une répartition plutôt harmonieuse entre hommes et femmes, une sorte de parité parfaite, autour de 50/50, on constate clairement une sur-représentation des hommes à 90 % en physique, en sciences et en technologie. Les hommes barrent volontairement la route aux femmes ? Alors pourquoi les laisseraient-ils enseigner les langues, matière où les femmes constituent, nous le rappelons, autour de 75 % de la totalité des enseignants ?...

L'HOMME SAIT CONDUIRE.

On aime faire ce qu'on fait bien : les hommes aiment conduire. Et quand on sait que la conduite elle aussi dépend de la capacité spatiale, on s'en étonne un peu moins. Pour une femme, conduire, c'est le plus souvent aller d'un point à un autre, tout en pensant à autre chose, en écoutant de la musique ou en téléphonant.

Pour un homme, c'est un jeu. Où il a bien envie de gagner des points. Utiliser son cerveau pour résoudre des problèmes de distance, de vitesse, de virages à prendre, de carrefours à traverser, voilà qui est réjouissant...

Passez par la place de l'Étoile à Paris avec dix hommes, vous aurez dix versions différentes de la meilleure manière de l'aborder : certains recommandent de s'engager au plus profond, au plus près du monument lui-même, quelle que soit l'avenue qu'on cherche à prendre ensuite, d'autres soutiennent qu'il faut toujours rester à la périphérie...

Une femme, elle, traverse l'Étoile en se maquillant, alors...

Alors elle a du mal à comprendre le plaisir que l'homme prend à ce genre d'exercice. Et elle a du mal aussi à rester impassible quand il conduit et qu'elle est assise à côté. Elle trouve qu'il va trop vite, qu'il est passé à ça de l'autre voiture, que le feu était presque rouge... Bref, elle critique. Alors qu'elle n'est tout simplement pas en mesure de juger : dénuée des capacités spatiales masculines, elle ne saura pas évaluer aussi bien que lui les risques, que lui sait très bien pouvoir prendre.

Maintenant, si c'est lui qui est assis à côté d'elle qui conduit, il ne se montrera pas beaucoup plus indulgent. Le nombre d'hommes qui se vantent de pouvoir reconnaître la voiture de leur femme garée dans la rue d'un seul coup d'œil tout simplement parce qu'elle dépasse ! Ce qui est d'autant plus stupide que, compte tenu du nombre de femmes qui conduisent, la moitié des voitures au moins devrait dépasser... Cela dit, il faut admettre que les femmes ont plus de mal que les hommes à réussir un créneau. Mais ce n'est pas de leur faute : sans une petite dose de capacité spatiale à portée de main, allez vous faufiler bien droit entre deux voitures !

CAPACITÉ SPATIALE : EN TOUT CAS, C'EST UN MOT FÉMININ !

Un chercheur américain a mis au point une série de tests d'intelligence. Les sujets testés étaient des hommes et des femmes de tous milieux, de toutes origines, de toutes cultures. Sur la globalité, les femmes ont démontré comme en d'autres circonstances une intelligence supérieure à celles des hommes d'environ 3 %. Par contre, sur les tests spécifiques destinés à mesurer la capacité spatiale, à partir de problème de puzzle et de labyrinthe, parmi les 100 meilleurs résultats, on dénombrait 92 hommes et seulement 8 femmes. Les femmes ne peuvent pas être meilleures partout.

Maintenant, les féministes pures et dures peuvent toujours décider de nier cette supériorité de l'homme en matière de capacité spatiale. Mais d'abord, ce ne serait pas très fair-play : quand des dizaines d'études scientifiques arrivent à la même conclusion – il paraît que même chez les animaux, ça se confirme : en laboratoire, les souris garçons retrouvent plus facilement leur chemin dans un labyrinthe, dans la brousse, les éléphants hommes retrouvent plus facilement un point d'eau –, autant se résoudre à l'accepter. Ensuite, quel intérêt auraient-elles ? Considérer que les hommes ont un talent que les femmes n'ont pas, non pas parce qu'ils ont fait des efforts pour parvenir à ce résultat, non pas parce qu'il se sont démenés pour se surpasser, mais parce qu'ils l'ont reçu en cadeau à la naissance, comme ça, sans rien demander, et sans même le mériter, c'est plutôt réconfortant, non ? Et puis c'est un mot féminin.

« 47 % des femmes ont plus confiance dans les conseils de leur horoscope que dans ceux de leur jules. »

Sondage réalisé sur le site auféminin.com du 10/7/00 au 10/8/00.

La femme s'efforce de faire mieux. L'homme s'attache à faire pareil.

Vous êtes-vous jamais demandé pourquoi, alors qu'elles sont si nombreuses à cuisiner à la maison, il y a si peu de femmes reconnues comme grands chefs ? Tout simplement parce qu'une femme est incapable de suivre une recette à la lettre, même si c'est la sienne. Elle n'a pas de beurre ? Elle mettra de la crème. C'était délicieux avec une pointe de gingembre ? La prochaine fois, elle mettra de la cardamome : si ça se trouve, ce sera encore meilleur. Une femme ne peut pas s'empêcher de varier, de tester autre chose, de tenter de faire mieux. Alors vous imaginez l'inspecteur du Michelin, au moment de distribuer ses étoiles...

Un homme, c'est exactement l'inverse : une fois qu'il a trouvé la bonne formule, pour un plat à préparer, une panne à réparer ou une usine à diriger, en général il s'y tient. Fermement.

L'HOMME EXÉCUTE, LA FEMME IMPROVISE.

Sur le livre de cuisine, on mentionne une cuillerée à soupe de cognac ? Même s'il est neuf heures et demie, même si ses invités débarquent dans cinq minutes, même si la table n'est pas encore mise, même si les légumes sont encore dans leur cellophane au frigo, s'il n'a plus de cognac chez lui, un homme se rhabille et court à la supérette pour s'en acheter dare-dare une bouteille, quitte à dépenser une fortune dans un 3 étoiles VSOP. Et combien d'hommes a-t-on entendu répliquer au petit nouveau, tout heureux de pouvoir suggérer une amélioration : « Écoutez, ça fait vingt ans qu'on fait comme ça, alors on va continuer, d'accord... » L'homme ne change ni les équipes qui gagnent, ni les recettes qui marchent. Ni le restau, ni le plat sur la carte, ni le montant du pourboire.

Il suit à la lettre l'ordonnance du médecin, alors qu'une femme s'arrange : ça, ce n'est peut-être pas la peine, ça j'en ai déjà pris, j'ai pas aimé.

Depuis plus d'un siècle, l'homme s'habille d'un costume trois-pièces, alors que la femme, pendant le même temps, a porté des crinolines, des robes déstructurées, des tailleurs stricts, des talons compensés, des minijupes, des manteaux maxi, des talons aiguilles, des shorts à paillettes, des dessous dessus, des tailleurs épaulés, des boots, des bottes, des chaussures d'hommes et des cravates.

Pourquoi ?

Parce que les hommes exécutent. Et que les femmes improvisent.

L'HOMME VA CHERCHER, LA FEMME PREND CE QU'ELLE TROUVE.

Une fois de plus, les raisons viennent de très loin.

Un homme considère qu'il est jugé sur ses résultats : il rapporte, ou pas, le gibier. Logique binaire. C'est oui ou c'est non. Et sûrement pas peut-être. Et s'il ne rapporte pas, ce n'est pas parce qu'il aura fait une bien plus belle balade que d'habitude qu'il se sentira tranquille à l'idée de rentrer bredouille. Alors, quand une expérience a fait ses preuves, il la reproduit, à l'infini.

En plus, et nous y reviendrons, les hommes ont horreur d'être critiqués. La critique agit sur eux comme une piqûre paralysante qui leur fait perdre tous leurs moyens. Pour l'éviter, une seule solution : recommencer ce qui a fonctionné.

Quant aux femmes, on le sait : « *Donna e mobile.* » Leurs sens aiguisés les mènent naturellement à tester de nouvelles expériences. Au cours de la cueillette, la tentation était grande d'essayer cette petite baie rose, à la texture si souple, ou de goûter ce joli fruit orange, à la peau si brillante, qui paraissait si sucré.

Voilà pour l'héritage.

L'HOMME ET LA FEMME SONT SOUS INFLUENCE.

Mais la vraie grosse raison, celle à laquelle on ne peut échapper, celle que personne ne peut contester, celle qu'on a du mal à intégrer, celle à laquelle on ne pense pas assez quand il ne s'agit pas de sexe à proprement parler, c'est... les hormones.

L'homme et la femme vivent sous influence. Sous l'influence des hormones sexuelles qu'ils sécrètent. Pendant longtemps, on a pensé que ces hormones n'agissaient que sur le corps. Aujourd'hui, on a la preuve qu'elles agissent aussi sur le cerveau, conditionnant nos pensées et nos comportements.

C'est ce qui explique que l'homme, sous l'influence prédominante d'une hormone, sécrétée de façon stable, soit de caractère et de comportement égal. La ligne droite, avec parfois quelques pointillés. Et que la femme, qui se coltine un calendrier hormonal gravement chahuté, n'en finisse pas d'étonner ses proches. En virant, sans prévenir par clignotant, du meilleur des humours à la pire des humeurs, de l'envie de bouffer le monde à la nécessité absolue de bouffer tout le chocolat présent dans un rayon de trois cents mètres, de l'enthousiasme le plus débridé au défaitisme le plus désespéré. Star Mountain, nausées appuyées et cris déchirants compris. La sinusoïdale, dans tous ses excès, avec hauts et bas de série, et dépression en option.

CALME PLAT SUR L'HOMME, TEMPÊTE SUR LA FEMME.

Côté hormones, pour l'homme, c'est plutôt plan-plan. Essentiellement de la testostérone, encore de la testostérone, toujours de la testostérone. Ce qui le rend combatif, entreprenant et lui donne souvent l'occasion de se faire traiter d'obsédé sexuel. Et avec, pour conséquence indirecte, un comportement prévisible, des capacités permanentes, et un tempérament que les moins indulgentes peuvent, dans un moment d'agacement, qualifier de psychorigide.

Pour la femme, c'est plus acrobatique. Des œstrogènes, pour commencer, pendant disons 21 jours, avec un taux sans cesse croissant et un optimisme qui suit le mouvement ascendant. Associés à de la progestérone, pendant la deuxième partie du cycle, synonyme de bien-être béat. Puis relevés par un petit pic de testostérone, autour du 18e jour, qui se trouve aussi être la date de l'ovulation, histoire de marquer le coup d'envoi du désir féminin, avec urgence de passer à l'acte si on veut sauvegarder l'espèce. Au bout de cette période, pendant laquelle le corps s'est patiemment préparé à la gestation, s'il ne voit rien venir, il boude. Et laisse négligemment le taux d'hormones sexuelles chuter. Avec règles en perspective. Et syndrome prémenstruel immédiat, c'est-à-dire : sentiment de vide, tristesse, découragement, morosité, déprime, envie irrépressible de pleurer, et beaucoup plus si affinités.

Plusieurs études ont en effet démontré que la majorité des délits commis par des femmes le sont pendant cette phase « prémenstruelle ». Pendant cette même période, les compagnies d'assurances ont observé que les femmes ont près de cinq fois plus de risques d'accident.

Et on s'étonne que les femmes soient cyclothymiques... Alors que c'est pour elles qu'on a inventé le mot.

L'ADOLESCENT FORCIT, L'ADOLESCENTE GROSSIT.

En réalité, tout se joue à l'adolescence. Pendant sa puberté, un garçon va vivre une brusque imprégnation de testostérone. Et ce n'est pas rien. Car c'est probablement à cette hormone sexuelle mâle que l'on doit la survie de notre espèce. La testostérone est un facteur déterminant de combativité : elle pousse à se bagarrer, à être courageux, à défendre son territoire et ceux qui y vivent. C'est l'hormone de l'esprit de compétition. Sans testostérone, ce sont peut-être les mammouths ou les dinosaures qui peupleraient notre planète aujourd'hui.

C'est elle aussi qui fait pousser la barbe quand on est jeune, et tomber les cheveux quand on l'est moins. C'est elle enfin qui fait gagner à un adolescent 15 % de masse graisseuse et 45 % de masse musculaire.

Quand on sait qu'une fille, à la même période, engrange 25 % de masse graisseuse et 20 % de masse musculaire, on comprend déjà mieux pourquoi elle fait la gueule et paraît énervée. Même si on lui explique gentiment que c'est parce que pendant la grossesse et l'allaitement, ces réserves de graisses sont censées lui être utiles à nourrir et à sauver sa progéniture : à l'époque où nous avons été conçus, on allait avoir à en affronter, des disettes et des famines.

LES FEMMES ONT DES ENVIES SOUDAINES DE BÉBÉ. C'EST NORMAL.

Après l'adolescence, le taux de testostérone chez l'homme est presque constant, formidablement régulé par un organisme qui a tout prévu, quand tout se passe normalement, pour éviter les débordements.

Alors que chez la femme, non seulement les hormones vont se succéder, mais surtout elles vont survenir par vagues submergeantes, en provoquant, c'est bien naturel, quelques bouleversements.

Pendant sa période œstrogène – l'hormone de la nidification –, la femme se sent bien. Joie de vivre, optimisme, confiance en l'avenir. Un genre de plénitude. Le contentement. Le top, quoi. En raison de son effet apaisant, cette hormone est parfois injectée à des détenus au comportement violent.

Quand arrive la progestérone – l'hormone de la gestation –, la situation devient plus complexe. La femme se sent plus tendre, plus enveloppante. Qui a dit plus collante ? Son organisme la prépare à devenir mère nourricière, il faut la comprendre.

Ce qui est amusant, c'est qu'on a pu observer que la seule vue d'un bébé joufflu – même si c'est un poupon en plastique – ou d'une peluche peut déclencher la sécrétion de cette hormone chez la femme. L'envie soudaine et inexplicable, chez certaines d'entre elles, de faire un bébé s'explique soudain très simplement. Il ne fallait pas l'emmener dans un magasin de jouets !

Inutile de préciser que cette hormone s'observe à dose pratiquement homéopathique chez l'homme.

LES BLONDES SONT PLUS FÉCONDES. LES VRAIES BLONDES.

À l'inverse, la progestérone est très élevée chez les blondes, ce qui explique, toujours en fonction de l'incontournable nécessité de préserver l'espèce, la fascination que ces femmes-là exercent sur les hommes. Vous le surprenez avec des yeux de merlan frit devant une pouffe à la chevelure peroxydée ? Calmez-vous, c'est juste une histoire d'alchimie hormonale. Ce n'est pas sa faute, il ne le fait pas exprès. D'accord, c'est une fausse blonde, mais au fond, ça change quoi ?...

Et si c'est une vraie blonde, réconfortez-vous en vous disant qu'après la naissance de son premier bébé, son blond platine va irrémédiablement foncer. Et pire encore après le second. Il vous suffit d'être patiente.

Au fait, pareil pour les grosses poitrines. On pense toujours que c'est parce que les hommes sont de grands obsédés qu'ils louchent sur les plus généreux décolletés. Pas du tout : ils ne font que se conformer à leur rôle archaïque de protecteurs de l'espèce, en préférant les candidates les plus susceptibles de se révéler, à l'usage, de bonnes nourrices. Il s'agirait donc d'arrêter de les traiter d'égoïstes...

Les chauves font des pères acceptables. Même avec complément capillaire.

En symétrie, c'est aussi la façon dont on explique l'intérêt des femmes pour les hommes chauves : résultat d'une forte concentration en testostérone, donc de bonnes dispositions à la procréation, un front dégarni rassure les femmes sur l'intention de son propriétaire de fonder une famille.

Et si vous êtes assez cynique pour penser que c'est plutôt les hommes grands, riches, et beaux qu'elles ont tendance à préférer, vous n'avez pas tort non plus : toutes ces caractéristiques sont les signes manifestes d'une bonne santé – pour la taille et la régularité des traits – et d'une bonne capacité à nourrir sa famille – pour la Porsche.

Cela dit, la testostérone n'est pas un monopole masculin. La femme y a droit aussi. Quand selon vous ? Au moment de l'ovulation, bien vu – mais on l'avait déjà dit... La nature fait bien les choses : au moment où la femme est féconde, la nature lui injecte une envie irrésistible de s'accoupler. C'est comme ça que certaines se réveillent un matin dans le lit d'un inconnu, avec à l'esprit la pire des interrogations : « Mais qu'est-ce que j'ai bien pu lui trouver ? »

Car la testostérone a ceci de particulier qu'elle rend enclin au sexe.

RAPPORT À LA TESTOSTÉRONE, LES HOMMES FONT BEAUCOUP DE SPORT.

Et, accessoirement, donne envie de montrer qu'on est le plus fort. Ce qui explique qu'en cas de bagarre, 9 garçons sur 10 deviennent agressifs, verbalement ou physiquement, tandis que 7 filles sur 10 tentent la négociation, ou prennent la fuite. Dans le même esprit, pourquoi croyez-vous qu'on agite des majorettes blondes outrageusement maquillées en jupette bigarrée avant le début des matches aux États-Unis ? Pour favoriser une montée de testostérone, nécessaire à provoquer la rage de vaincre. Pourquoi croyez-vous que les Asiatiques se comportent généralement de façon placide ? Parce que les hommes de ces régions présentent une faible concentration en testostérone dans le sang, ce que confirment leur torse glabre, leur barbe duveteuse et une plus rare propension à la calvitie. Et pourquoi croyez-vous que les hommes soient tellement attirés par le sport ? Pour diriger ailleurs l'agressivité que génère en eux la testostérone.

Jusqu'au milieu du XIXe siècle, le sport n'était pratiqué que par une élite, qui n'avait pas besoin de se battre pour survivre. C'était, pour eux, un exutoire. Aujourd'hui c'est encore un exécutoire, mais pour un plus grand nombre. Pour tous ceux qui ont bien besoin de courir, d'atteindre une cible, de s'affronter pour du beurre, histoire d'utiliser à bon escient un trop-plein de testostérone. Une testostérone qui aurait dû se dépenser à chasser de la nourriture et à protéger ses proches des attaques des fauves. Une testostérone qui, en surnombre et mal employée, peut mener à la violence et à l'agressivité.

RAPPORT À LA CELLULITE, LES FEMMES EN FONT AUSSI.

Parenthèse : observez une salle de gym. Pour dix femmes, combien d'hommes ? Et ce n'est pas seulement parce que ces justaucorps brillants, criards et moulants sont peu seyants. Le sport, l'homme l'apprécie, mais pour une seule bonne raison : gagner. Et que peut-on gagner à monter et descendre de plus en plus vite cette fausse marche d'escalier ? À part des courbatures et un tee-shirt tellement trempé qu'il faudra définitivement le considérer comme sale ? Alors que sur un stade, un court, ou un green, à la fin, le gagnant, on le désigne et on le connaît. On lui remet même une coupe, ou un trophée, qu'il sera bien agréable de laisser traîner sur la cheminée.

Les salles de muscu ? Une variante de l'esprit de compétition : montrer qui est le plus fort.

À présent, interrogez des femmes très assidues dans leurs activités sportives. Et demandez-leur leurs motivations. Toutes les chances d'entendre : se faire des amies, se maintenir en forme, occuper agréablement son midi-deux heures, pulvériser la cellulite... Fermons la parenthèse.

ANDROPAUSE ET MÉNOPAUSE.

Une testostérone enfin, qui, toute la vie d'un homme, se maintiendra à un niveau constant, même si on note une baisse autour de la soixantaine. Elle se traduira par des phénomènes remarquables mais peu handicapants. Bon, d'accord, des lunettes de soleil cerclées d'or et une décapotable rouge, en hiver, c'est limite. Mais ça ne vous sape pas une vie à la base.

Alors que pour les femmes, toute la vie sera comme un feuilleton ponctué d'événements marquants : la puberté constitue un épisode fertile en rebondissements ; les grossesses, de sacrés chambardements ; et la ménopause, pour conclure l'affaire, un changement moyennement marrant.

Le taux d'hormones chute. Faute d'œstrogène, la mémoire fout le camp, et la joie de vivre suit le mouvement. La nature, qui avait jusque-là distribué la graisse équitablement, un peu sur les cuisses, les fesses, les mollets, les épaules, le dos, histoire de ne pas étouffer les organes vitaux – le cerveau, le cœur, les organes génitaux –, maintenant qu'il n'est plus question d'enfanter, l'envoie par colis entiers sur le ventre. La peau, devenue paresseuse, fabrique moins de collagène et d'élastine : le visage et le corps s'affaissent. En pénurie de calcium, les os se fragilisent : c'est l'ostéoporose...

Si vous souhaitez une information complète sur le Traitement Hormonal Substitutif, adressez-vous vite à votre gynécologue, qui a des brochures très bien faites sur le sujet dans sa salle d'attente à côté des piles de *Voici* et de *Paris-Match.*

Quant à vous, à côté, plutôt que de prendre cet air benêt, filez vite acheter du chocolat. Ou des fleurs. Mais pas des glaïeuls, s'il vous plaît. Pas des glaïeuls. Ce n'est vraiment pas le moment.

Les femmes et les maths

Le problème du cliché toujours pas résolu.

Les femmes sont meilleures en maths lorsque les hommes ne sont pas là ! Ce sont les conclusions d'une étude réalisée par l'université américaine Brown, qui a fait passer des tests de maths à des étudiants des deux sexes. Les femmes testées dans des pièces sans hommes obtenaient 70 % de réponses correctes, celles dans les salles mixtes 58 % de réponses correctes. Selon Michaël Inzlicht, l'auteur de la recherche, les femmes seraient sensibles à ce qu'on appelle « les dangers du stéréotype ». En l'occurrence, celui selon lequel elles auraient moins d'aptitudes pour les maths que les hommes : la vue du sexe opposé leur rappellerait ce cliché, qui perturberait leur esprit. En expression écrite, domaine dans lequel les femmes ne traînent pas la même réputation, les résultats ne montraient aucune différence, quelles que soient les personnes dans la pièce. Dans les deux cas, les résultats des hommes ne variaient pas. Et avec les plantes vertes dans la pièce, les tests disent quoi ?

Guillemette Faure

Elle

Janvier 2001.

La femme sait donner. L'homme sait recevoir.

La femme donne ? Et l'homme reçoit ? Alléluia ! On sort le champagne, c'est ma tournée. Voilà enfin un truc où on pourrait se dire que la nature fait bien les choses. Qu'elle a enfin réussi une construction qui ressemble à de la complémentarité.

Tu parles ! Même là, des problèmes se posent.

Parce que la femme donne, d'accord, c'est inscrit dans son histoire, son cerveau, et ses hormones, mais il ne faudrait quand même pas pousser. Et parce que si l'homme reçoit, ce n'est pas non plus une raison pour penser qu'il peut tout encaisser.

Et si les femmes arrêtaient de s'intéresser aux autres ?

Vous imaginez une femme déposant un plat au centre de la table, et se servant la première ? Et maintenant, un homme, dans la même situation, vous l'imaginez ? Et il est même capable, si la conversation le distrait assez pour en oublier ses bonnes manières, de se servir le meilleur morceau.

Une femme se sent jugée sur les bonnes relations qu'elle entretient avec les autres. À raison d'un bon point par sourire de remerciement et d'une image par baiser reconnaissant, elle arrive bon an mal an à équilibrer ses comptes de services rendus. Et à se brosser d'elle-même un portrait relativement satisfaisant.

Moyennant quoi la femme passe sa vie à se demander ce qui pourrait faire plaisir aux autres. Non seulement elle essaie de satisfaire les désirs et les besoins de son entourage, mais elle trouve même assez naturel de les devancer. Et s'il se trouve qu'on lui demande quelque chose, elle se sent presque en faute de ne pas y avoir songé toute seule. Un de ses enfants lui fait remarquer que ça fait bien longtemps qu'elle ne l'a pas faite, sa tarte au chocolat ? Elle se déteste de ne pas y avoir pensé la veille. Son mari lui signale qu'il n'y a plus dans le frigo ses cornichons préférés ? Elle rougit de honte autant que de rage. Sa collègue lui avoue qu'elle l'a attendue toute la matinée pour une petite pause café ? Elle a l'impression d'avoir manqué à l'appel. Bref, elle se veut techniquement parfaite. Parce que, pour une femme, le meilleur moyen de montrer qu'elle tient à quelqu'un, c'est d'en fournir des preuves concrètes. De donner sans compter. De l'attention et des attentions. Et comme elle est assez attentive et perspicace pour deviner ce qu'on attend d'elle, elle a peu de chances de se tromper. Voilà le décor planté.

ET SI LES HOMMES ARRIVAIENT ENFIN À RETENIR LE NOM DE CES SALETÉS DE FLEURS ?

Pour l'homme, le décor est différent. Pour peu qu'il ait accompli, conformément à son cahier des charges, sa mission numéro un – nourrir sa famille et la mettre à l'abri sous un toit décent –, tout le reste devient facultatif. Ne pas oublier qu'il se sent jugé sur le résultat. Donner, c'est bien, mais c'est prendre un risque. Le risque de se tromper, de décevoir, de ne pas être à la hauteur. Allez imaginer qu'il ne rapporte pas les bonnes fleurs. Ou les bonnes places de théâtre. Ou qu'il ait réservé dans le mauvais restaurant. Supposez juste un instant qu'il revienne avec huit jours tout compris aux sports d'hiver, alors qu'on ne rêve chez lui que de soleil, de mer bleue et de cocotiers géants ? Combien de fois, à l'école, on le lui a dit : « Peut mieux faire. » Alors si, plutôt que de se lancer, puisqu'on n'en a parlé à personne, on décidait de ne rien faire ?...

Et le pire de tout, c'est que plus un homme tient à quelqu'un, plus il est sensible à son avis, et moins il prendra le risque de décevoir. Un genre de cercle vicieux.

Mais bon, si la femme donne sans compter, et l'homme reçoit sans rechigner, on pourrait presque se dire qu'on est dans le meilleur des mondes possibles ? Eh non !

ET SI LES HOMMES ARRÊTAIENT DE POSER DES QUESTIONS IDIOTES ?

Pour la femme, donner c'est naturel. C'est vrai. Mais bizarrement, au bout d'un certain temps, elle n'a plus seulement l'impression de donner, mais de faire. Elle fait la cuisine, elle fait les courses, elle se fait des amies. Et elle sature. Comme elle déteste qu'on lui demande, elle se refuse à demander. Pire, elle décourage involontairement l'aide qu'on serait prêt à lui apporter. Une femme à qui on demande : « Je peux t'aider » répond presque invariablement non, tout en ruminant en elle-même que ce n'est quand même pas bien compliqué de voir que la maison est dans un état pas possible, qu'il y a juste l'aspirateur à passer, les lits à faire, la poussière, les courses, le dîner à préparer et le pressing à récupérer, et que si on veut vraiment aider, pas besoin de demander hypocritement si on peut, on fait.

L'homme, lui, qui a quand même essayé – et quand on sait l'effort que ça lui a demandé, il faut lui reconnaître un certain courage –, se sent complètement dédouané par le non qu'il a entendu, qu'il a versé au dossier et qui lui sert d'autorisation validée pour s'installer dans le fauteuil. Il déplie son journal. Ou allume la télé. Et s'étonne que l'aspirateur vienne trois fois de suite lui bombarder les mollets.

Et si les femmes arrêtaient de passer l'aspirateur ?

L'idéal, au fond, ce serait que la femme accepte de faire moins. Ou de donner moins, comme on veut. Parce qu'au fond, tout le monde se fout de savoir que l'aspirateur a été passé, que les lits ont été faits, et la poussière enlevée. On s'en passerait même tout à fait si on y gagnait une femme de bonne humeur. Dans cette hypothèse, malheureusement assez improbable compte tenu de la tournure des événements, on irait même jusqu'à se satisfaire de sandwiches pour le dîner ! Mais ces renoncements successifs ne rimeraient à rien. Car la femme, tout comme l'homme, ne peut pas, d'une pression sur un bouton, se déprogrammer. Les femmes continueront à faire plus qu'on ne leur en demande. Et les hommes persisteront à penser que pour en faire autant, elles doivent bien avoir une raison. Et si elles avaient quelque chose à se faire pardonner ?

Et si les hommes apprenaient à donner ?

Une autre hypothèse idyllique serait que les hommes, eux, apprennent à donner. Les femmes devraient bien sûr commencer par les rassurer sur l'essentiel en leur jurant qu'il n'y a que l'intention qui compte, et que même s'ils se trompent sur l'objet du don, le don leur sera intégralement compté. D'accord, il ne va pas être facile, face à ce ravissant col en fausse fourrure fuchsia, de retenir le fou rire qui ne demande qu'à exploser et de rattraper à temps le commentaire tout prêt à fuser : « Non mais c'est pas possible, tu l'as trouvé où ? Dans un magasin de farces et attrapes ? Ou chez Emmaüs ? » Ça ne va pas être facile, mais c'est le prix à payer. Pour espérer une prochaine fois. Et on ne sait jamais, avec le temps, il finira peut-être par avoir meilleur goût. Ou mieux se renseigner.

Et pour garder son sérieux, une femme peut toujours se concentrer sur le récit de l'aventure de l'achat. Notamment le moment où il explique que la vendeuse lui a assuré que c'était exactement celui en couverture de *Elle*. Et surtout, surtout, ne pas répliquer : « Elle n'a pas dit de quelle année ? »

Pour se montrer encourageant, il convient de souligner que tous les observateurs s'accordent à préciser que les femmes, pour se sentir rassérénées, n'ont pas besoin de grosses attentions, ni en terme de prix, ni en terme de complexité. Plutôt, plein de petites. Nous avons bien dit *plein*.

Et si les femmes apprenaient à recevoir ?

Reste un dernier frein à lever : augmenter sensiblement la capacité de la femme à recevoir. Et là non plus, ce n'est pas gagné. Si elle ne sait pas demander, et si, quand elle finit par s'y résoudre, c'est en s'arrangeant pour utiliser le discours le plus indirect et le plus incompréhensible possible, c'est forcément qu'elle a une bonne raison. Si au lieu de dire simplement ce qu'elle pense : « J'ai toujours eu envie d'un sac de cette couleur », elle traduit à haute voix en simultané : « Tu ne trouves pas que ce sac ressemble un peu à celui que ma mère portait à notre mariage », c'est quand même qu'elle est dotée d'un petit soupçon de perversité.

Essayons une précision : ce n'est pas que la femme n'aime pas recevoir. C'est qu'elle a peur de s'habituer et de devenir dépendante. D'y prendre goût juste au moment où le flux risquerait de se tarir. Bref, c'est, comme le disait Gainsbourg, fuir le bonheur avant qu'il se sauve. Mais la peur de manquer est telle que la femme préfère encore d'elle-même se priver. D'où l'absolue nécessité pour l'homme, une fois qu'il a commencé, de continuer sur sa lancée, faute de quoi on peut prédire de violentes représailles.

Et si les hommes arrêtaient d'arrêter d'être gentils ?

C'est d'ailleurs exactement ce qui rend fragile une relation au moment où elle s'installe dans la routine. De nombreuses causes se combinent, bien sûr. Mais l'une d'elles, non négligeable, est le changement qui s'opère chez l'homme. Alors que pendant la phase courtisane, il trouvait en lui l'énergie suffisante pour montrer et démontrer son intérêt à l'objet de son attention, en multipliant les petites attentions, une fois son objectif atteint – rappelez-vous qu'il fonctionne par objectifs –, et le morceau enlevé – rappelez-vous qu'il a l'esprit de compétition –, il passe à autre chose – rappelez-vous que son cerveau compartimenté ne lui permet pas de viser plusieurs buts à la fois –, et s'assoupit sur ses lauriers.

La femme qu'il voulait, il s'est battu pour la conquérir, il l'a eue, il l'a gagnée. La preuve : il la retrouve chaque soir en revenant à la maison. Donc, logique imparable, du moins du point de vue masculin, il peut passer à autre chose. Personne n'a dit à quelqu'un d'autre.

De son côté, la femme, qui donne sans faire exprès, et qui, parce qu'elle s'est mise à avoir de l'intérêt pour cet homme-là, s'est du même coup mise à donner plus encore à celui-là en particulier. Qui a commencé à miser sur lui pour créer une relation stable – souvenez-vous, la survie de l'espèce. Qui, parallèlement, rassurée par les manifestations d'intérêt, même subtiles, qui lui ont été délivrées – souvenez-vous, elle sait tout, elle sent tout –, a fait de gros efforts sur elle-même pour baisser sa garde, renoncer à être méfiante, abandonner ses défenses, et accepter de recevoir. La femme, donc, un beau matin, devant la baisse notable d'attentions, quand ce n'est pas leur arrêt pur et simple, se réveille avec l'impression cuisante qu'elle s'est fait avoir – souvenez-vous, c'est toujours l'homme, officiellement, qui prend l'initiative.

Ce qui, on peut en convenir, n'est pas tout à fait faux, si on se place du point de vue féminin.

Et comme une femme n'est pas du genre à ignorer ses émotions, comme elle souffre, elle quitte.

Et si les femmes arrêtaient d'arrêter d'être bluffées ?

Par pure équité, il convient également d'évoquer l'autre cause essentielle de rupture prématurée d'une relation : le changement qui s'opère chez la femme. Au début de la relation, la femme est tellement peu habituée à recevoir, est tellement persuadée qu'elle ne mérite pas l'attention qu'on lui porte, qu'elle passe son temps à être bluffée : « Oh, des fleurs ! Bon, des glaïeuls, mais quand même, des fleurs. » « Oh, il m'appelle au bureau pour me dire qu'il pense à moi ! Bon, c'est juste au moment où mon Mac me lâche une bombe au visage, et j'ai bien failli ne pas sauver la situation, mais quand même, il pense à moi. » « Oh, il passe me chercher au bureau sans prévenir ! Bon, c'est le soir où j'avais prévu d'aller à la gym, mais quand même, il est passé. » « Oh, tu as récupéré tes affaires au pressing ? Bon, moi, pendant le même temps, je me suis tapé la vaisselle, le repassage, les feuilles de sécurité sociale qui traînaient depuis deux mois, y compris les siennes, j'ai appelé le plombier pour reporter le rendez-vous, et prévenu ses parents qu'on ne pourrait pas venir dîner, mais quand même, il est allé au pressing. »

Avec, en réaction systématique, un air si béat, traduisant un bonheur si intense, que, même au téléphone, on le perçoit. Et qu'on s'en réjouit.

Replaçons les mêmes événements quelques mois, ou

quelques années plus tard. Et nous obtenons : « Des glaïeuls ? Tu te fous de ma gueule ! », « Ah c'est toi ? Alors je raccroche, tu me déranges, j'ai mes fichiers à sauvegarder », « Là, tu tombes mal, parce que je vais à la gym, alors tu vas rentrer tout seul, OK ? », « Le pressing ? Bravo. Tu veux que je te dise, moi, ce que j'ai fait, pendant ce temps ? »

Alors il s'agirait de réapprendre à se montrer reconnaissante.

C'est injuste ? Est-ce qu'il se montre reconnaissant, lui, quand vous vous coltinez tout le reste ? Et de toute façon, un pressing contre une liste complète de corvées, ça ne fait pas le poids ?

Oui, au fond, vous avez raison. Mais si vous voulez qu'il recommence, et c'est toujours ça en moins pour vous, et surtout si vous souhaitez qu'il s'améliore, il faut lui montrer votre reconnaissance. C'est obligé. Parce que l'homme, pour se surpasser, a besoin d'être encouragé. Et surtout, comme un homme n'est pas du genre à supporter d'être critiqué, comme il souffre, il quitte.

Et si on jouait à la marchande ?

Le besoin d'attentions, une caractéristique si féminine, s'illustre de façon tout à fait intéressante dans le monde du commerce. Si de nombreuses enseignes de VPC ont intégré dans leur listing la date de naissance de leurs clientes, et s'attachent à ne jamais oublier leur anniversaire – avec l'informatique, c'est plus pratique –, si, pour proposer une offre de remise, elles prétendent qu'elle est le fait de sa participation, par ses achats, au succès de l'entreprise, si elles multiplient les offres « exclusives », les « promos réservées à... », c'est parce qu'elles ont bien compris le besoin de « petites attentions » des femmes. C'est du marketing, mais c'est aussi, comme toujours, de la psychologie. Primaire. Alors si de grandes enseignes marchandes l'ont admis et l'appliquent, pourquoi les hommes n'en seraient-ils pas capables ?

L'homme et la femme sont différents. D'où leurs différends.

Quand nous nous disputons, entre hommes et femmes, ce ne sont pas deux individus uniques en leur genre qui s'affrontent, mais deux spécimens parfaitement conformes à leur espèce qui cherchent à faire valoir leurs spécificités.

Ces différences, nous n'en sommes pas responsables individuellement, elles sont à assumer collectivement. Conclusion : bonne nouvelle, nous sommes tous normaux !

Bien sûr, c'est moyennement amusant de se dire que nous sommes tous pareils. Par contre, il est plutôt réconfortant de considérer qu'on peut ranger nos reproches. Et renoncer à changer l'autre pour qu'il se mette à nous ressembler. De toute façon, c'est sans espoir d'y parvenir. Car dans la vie, c'est fou ce que nous nous comportons bizarrement. Pour l'autre !

Dans la vie, la femme est, l'homme fait.

Retour à la grotte de nos arrière-grands-parents. Observons les femmes, en cercle, se réconfortant les unes les autres. Ça peut paraître assez bizarre, mais dans cette atmosphère plutôt paisible et lénifiante, le visage rosi par la chaleur du feu, elles ne donnent pas l'impression de faire grand-chose.

Pas des potiches, d'accord, parce qu'il s'agit quand même de s'occuper des petits, de les nourrir, de les soigner. Mais pas l'air vraiment de s'agiter de façon effrénée. Un peu comme si on se contentait de laisser le temps passer, ponctué par les retours réguliers des chasseurs chargés de leur proie.

Pas des légumes, non plus. Et loin de là. Tant qu'à faire d'être ensemble, on apprend à se connaître. On s'observe avec intérêt. On s'entraîne à comprendre ce que l'autre veut, attend ou souhaite. Et à le donner sans même que l'autre le demande. L'autre, ce sont les enfants, mais aussi les autres femmes du groupe. Et, quand ils sont là, les hommes de la tribu.

On communique. Avec des sons. Mais aussi avec des gestes. Bref, on se construit comme des êtres sensibles aux émotions, aux sentiments, aux sensations.

Ce n'est pas qu'elles ne font pas, les femmes, mais ça ne se voit pas.

Alors que les hommes, quand ils vous balancent leur gibier au beau milieu de la grotte, avec tous les membres du groupe réunis pour se réjouir devant ce mirifique repas, pas de discussion, ça se pose là. L'homme, lui, fait. Preuve à l'appui.

La preuve de quoi ? De ses compétences, de sa victoire sur les autres ou sur les éléments.

La femme cherche à être bien.

Eh bien rien n'a changé. Les femmes ont gagné tous les droits, même ceux de faire autant que les hommes, si ce n'est plus. Mais au tréfonds d'elles-mêmes, au top 50 de leurs aspirations, ce qui compte, c'est d'être. D'être bien. Avec soi-même, avec les autres, avec leurs émotions.

C'est comprendre les autres et être comprise par eux.

Quand les femmes parlent entre elles, la conversation tourne le plus souvent autour de ce qu'elles sont : des relations avec leur homme et leur entourage – être comprise –, de régime – être bien –, de ce qu'elles achètent – se faire plaisir –...

Et de fait, de quoi parlent-ils, les hommes, quand ils sont entre eux ? De ce qu'ils font. De ce qu'ils ont accompli. Au bureau, sur un stade, ou en vacances. Ils ont fait leur rapport de 250 pages. Ils ont fait trois sets ou 18 trous. Ils ont fait le Pérou ou l'Himalaya. Et ils se feraient bien une bonne bouffe, ou même... Non. Pas ça.

L'HOMME CHERCHE À BIEN FAIRE.

Comment s'étonner après ça qu'un homme se sente jugé sur ses compétences ? Ce qui le pousse naturellement à ne jamais avouer ses faiblesses ; devant ses ennemis, ça va de soi : ils pourraient en profiter. Mais pas devant ses alliés non plus. Demander de l'aide ? Ce serait démériter.

Alors un homme, programmé de toute éternité à se suffire à lui-même, loupera plutôt dix fois de suite la rue qu'il cherche à atteindre plutôt que d'arrêter un badaud pour qu'il la lui montre du doigt. Car tout le monde le sait, pour l'avoir maintes fois vérifié – au point qu'on pourrait en faire une règle de morale élémentaire – : un homme ne demande pas son chemin.

Et si, parce qu'elle n'a pas été avertie de cette caractéristique épineuse, la femme assise à ses côtés dans la voiture lui suggère gentiment de le faire, elle comprendra très vite son erreur. Et compte tenu de la violence de la réaction de son interlocuteur, saisira instantanément pourquoi on appelle couramment la place qu'elle occupe la place du mort.

Un homme ne veut pas qu'on l'aide. Jamais. Qu'il essaie de résoudre le problème de probabilités de son ado en maths sup – alors qu'il a eu un bac L. Qu'il s'acharne à faire marcher la centrifugeuse, à faire démarrer l'ordinateur qu'on vient de lui livrer, ou sa tondeuse autoportée. Il veut y arriver tout seul. Il n'y arrive pas ? Eh ben tant pis. Mais en tout cas, il n'y arrivera pas tout seul !

La femme progresse, l'homme l'emporte.

Grâce à ses sens très aiguisés, le cerveau féminin est programmé pour réagir aux gens et aux vibrations qu'ils dégagent. Ce qui l'intéresse, c'est donc tout naturellement les relations entre les personnes, la communication qu'elles établissent, l'harmonie à laquelle elles parviennent. La femme privilégie la coopération, la collaboration, la contribution. La femme mesure sa réussite au progrès qu'elle a pu accomplir par rapport à elle-même, plus qu'en comptant le nombre de cadavres qu'elle a laissés sur son passage. Une fois encore, évitons l'angélisme béat : une femme n'hésitera pas à écraser un concurrent pour arriver à ses fins. Mais le concurrent écrasé ne figurera pas à son tableau de chasse. Elle préférera même l'oublier. À ses yeux, son succès ne se trouve pas grandi de l'échec des autres.

Grâce à sa capacité spatiale exceptionnelle, le cerveau masculin réagit, lui, aux choses et à leur forme. Il s'intéresse aux rapports que les objets ont entre eux. Puis aux relations qu'il peut établir entre eux, pour en améliorer le fonctionnement, ou les performances. C'est ainsi que l'homme se passionne pour les machines, les bolides qui vont vite, les avions qui volent haut... Un proverbe américain assure : « *The difference between men and boys is the price of their toys* » – la différence entre un garçon et un homme, c'est le prix de leurs jouets. L'homme privilégie le résultat obtenu, l'objectif atteint. Et, dans la foulée, la position sociale qu'il en tire, ou le pouvoir, dans un esprit sans cesse aiguisé par la concurrence. Qui, parmi tous, avec cet objet aux caractéristiques identiques, fera mieux que les autres ? Qui l'emportera ? Qui gagnera ? Qui vaincra ? Mais aussi qui a été vaincu ? Et combien l'ont été ? Et ces critères entreront naturellement dans la mesure de son propre succès.

La femme s'intéresse aux gens, l'homme aux choses.

Dès le berceau, les filles sont attirées par les visages, et restent à les observer plusieurs minutes de plus que les garçons. Les garçons, eux, sont semble-t-il beaucoup plus intéressés par les mobiles qu'on a placés au-dessus de leurs yeux.

À quelques mois à peine, les filles peuvent distinguer les visages familiers des étrangers. Au même moment, les garçons ne font pas cette différence. Par contre, ils sont plus aptes à retrouver dans leur environnement immédiat un jouet qu'ils ont laissé tomber.

On a tenté une expérience sur des enfants qui n'étaient pas encore en âge d'aller à l'école. On leur a montré des images mêlant décor et personnages. Puis on leur a demandé de raconter ce qu'ils avaient vu. Les garçons décrivaient en majorité les lieux, et les filles, les personnes.

De même, lorsqu'on donne des Lego à des enfants, les garçons édifient un bâtiment, une tour, en insistant sur sa hauteur, ou sa taille. Les filles construisent plus volontiers une chose un peu anonyme ou même informe (maison ? école ?...) et racontent la vie des gens qui y vivent. C'est du reste ce qui a conduit cette grande société de jouets à prévoir dans ses boîtes de jeux, désormais également offertes aux petites filles, des personnages, des animaux, des accessoires, alors qu'au début elles ne comportaient que des briques à assembler.

D'ailleurs offrez un appareil photo à un homme et à une femme. Et insistez pour une projection privée au retour de vacances. Il y a fort à parier que dans le premier cas, vous vous taperez une série de monuments et de paysages, et dans le second, une galerie de personnages.

Malgré tous nos efforts de parents bien intentionnés pour élever raisonnablement nos enfants, nous ne pourrons pas empêcher les garçons, qui y sont prédisposés depuis des millénaires, de s'intéresser aux choses et à leur fonctionnement, ni les filles de préférer les gens et leurs relations. C'est comme ça... C'est notre structure cérébrale qui commande nos préférences. Alors comment lutter ? Et d'ailleurs pourquoi ?

La femme s'installe, l'homme zappe.

C'est exactement la même configuration qui nous rend si différents face à une télécommande de télévision. Quand un homme regarde un film, ce qui l'intéresse essentiellement, c'est d'où on part et où on arrive, comment ça commence et comment ça finit. Par où on passe de l'un à l'autre, par quels sentiments, par quels déchirements, par quels dilemmes, quelle importance ? Alors l'homme zappe. D'une chaîne à l'autre. Et parvient sans trop de difficulté à jongler avec plusieurs programmes à la fois.

À part bien sûr s'il s'agit de sport, où chaque rebondissement mérite d'être vu et revu – dans sa version ralentie en replay –, histoire de savoir qui est vraiment le plus fort.

Pour la femme, c'est exactement l'inverse : ce qui l'intéresse, c'est l'enchaînement des événements en liaison avec l'évolution des sentiments. Alors une fois qu'elle est branchée sur une chaîne, elle y reste. Même pendant la pub. Changer de chaîne, même à ce moment-là, ce serait parasiter son propre intérêt pour la progression de l'intrigue, en risquant de s'intéresser à autre chose. Alors elle se tape la pub. Avec résignation, ou indifférence.

L'homme, la femme et les vacances.

Parce que, selon les critères masculins, chaque chose, même le plaisir, est posé comme un objectif à atteindre, le départ en vacances d'un homme est une scène tout à fait cocasse à observer. Surtout s'il s'opère en compagnie d'une femme. Et se complique d'enfants.

Pour un homme, les vacances commencent au moment où il arrive sur son lieu de vacances. Il s'agit donc de rejoindre au plus vite sa destination. Et pour cela, d'établir une stratégie fondée sur une heure de départ et une moyenne kilométrique – deux paramètres à respecter à la minute –, et des arrêts prédéterminés, en nombre et en durée. Déjà, au moment du chargement de la voiture, le drame s'enclenche : quel que soit le nombre de valises, allez savoir pourquoi, il y en a toujours une de trop. Une qui n'entre pas. Une que, malheureusement, malgré les encouragements enjoués de ses compagnons de route, son propriétaire n'est pas du tout disposé à abandonner sur le bas-côté. Ce ne serait pas moins déchirant s'il s'agissait d'un animal familier.

Bon, on a essayé, ça n'a pas marché. Alors l'homme, avec sa capacité spatiale hyper-développée, va s'attacher à la faire rentrer, la valise en trop, dans la voiture.

Dans un premier temps, l'affaire n'a pas l'air bien emmanchée : il ressort tout. À croire qu'il suppose qu'en remettant tout pareil, mais dans un ordre différent, il va modifier drastiquement les données du problème. Sa femme le lui souffle bien, que ça a peu de chances de changer quoi que ce soit. Mais tous les livres sont d'accord : c'est qui qui l'a, la capacité spatiale ? Il s'agirait de le savoir et de s'y tenir... Elle n'ose pas répliquer que du côté du bon sens, elle se sent correctement pourvue.

Et se retient de prononcer la remarque acerbe qui lui monte aux lèvres quand on est revenu à la case départ : une valise en trop. Pas la même. Mais bon.

L'HOMME, LA FEMME ET LA DESTINATION.

Pour arranger tout le monde, elle finit par accepter de la prendre à l'avant, entre ses jambes. Tant pis, si elle ne veut pas arriver avec des mollets en poteau, elle doublera sa dose de Jouvence de l'Abbé Soury, et le tour sera joué.

Tout ça a quand même pris une bonne demi-heure. Il ne va pas falloir traîner. Alors l'homme, dans son for intérieur, est en train de rétablir sa moyenne en rognant sur les arrêts-pipi. Ce qui tombe mal puisque le plus petit est justement en train de prévenir qu'il ne peut plus se retenir. Il a dix ans, mais l'homme se demande si, pour l'occasion, une couche-culotte n'aurait pas constitué la bonne solution. Bien sûr, on va finir par s'arrêter. Et même plusieurs fois, et même bien plus souvent que ne l'avait prévu la check-list du pilote. Et, bien sûr, on va arriver en retard. Mais en retard sur quoi ?

Car la femme, à ce moment-là, se dit une chose toute

bête : une heure de plus ou de moins, qu'est-ce que ça peut faire ? Qu'est-ce qu'on y gagne, qu'est-ce qu'on y perd ?

Et pourquoi se dit-elle cette chose si étrange, forcément irrecevable par celui qui est en train de décharger la voiture en bougonnant, et se rend du même coup coupable de plomber l'atmosphère de cette première soirée au bord de la mer ? Tout simplement parce que pour elle, les vacances ont commencé depuis ce matin. Depuis le départ. Mieux, depuis les valises. Mieux : depuis les catalogues. Problème de fin et de moyen : l'homme a les yeux et la volonté rivés sur le but, tandis que la femme prend plaisir au parcours.

La chasse et la cueillette, peut-être ? Ou peut-être pas.

L'HOMME, LA FEMME ET LES COURSES.

Le problème se pose quasiment dans les mêmes termes pour l'hyper du samedi. Avez-vous remarqué comme l'homme insiste pour une liste ? Complète. Exhaustive. Avec si possible un classement préalable par rayon. Pour un peu, il la tirerait sur son imprimante, en plusieurs exemplaires, à distribuer à tous les membres de son commando. Parce que pour un homme, les courses, c'est une mission à accomplir : la bouffe à rapporter. On ne plaisante pas avec ça.

La liste, la femme l'a faite. Bien obligée. Mais elle l'a oubliée. Un peu exprès. Parce que ce qu'elle aime, la femme, dans l'idée de faire les courses, c'est justement de traîner dans tous les rayons. Et de prendre au hasard de ses envies ce qui lui passe à portée de main. Même si en rentrant, au moment de tout ranger dans les placards, elle se détestera pour tous ces trucs inutiles qu'elle ne sait pas où fourguer. Même si elle doit se forcer à rester stoïque devant les réflexions désobligeantes de l'homme, qui ne comprend décidément pas ce qu'on va bien pouvoir faire de tous ces trucs inutiles. Et le pire, c'est qu'il n'a pas tort.

La chasse et la cueillette, peut-être ? Ou peut-être pas.

L'HOMME, LA FEMME ET LES VITRINES.

Suivons-les à présent l'après-midi du même jour. Samedi. Séance de shopping. Elle, elle a dans l'idée de faire les magasins. Lui, de faire les achats. Le hiatus est patent. Mais pour l'instant, personne ne le voit.

On cherche une place. « Je me gare où ? » demande-t-il, prêt à se montrer conciliant. « Où tu veux » réplique-t-elle, prête à se montrer ouverte. « Moi je ne veux rien, reprend-il, déjà légèrement échauffé. On fait les courses. On n'est pas là pour se promener. » Elle, elle pense : « Mauvaise nouvelle. » Mais se garde bien de l'articuler. « Bon, alors, on a quoi à acheter ? » tente-t-il de nouveau, avec un sourire un peu figé. Cette question, elle l'attendait. Avec une légère appréhension. Alors elle improvise deux ou trois machins qui lui viennent à l'esprit.

Et signale brusquement, ravie de couper court à sa réponse, qu'il y a une place là, tiens justement. « Gare-toi », dit-elle. Et elle ajoute, avec une légère dose de mauvaise foi : « Mais non, ce n'est pas loin, on marchera. » À lui, cette seule idée fait tordre le nez : « Marcher. En pleine ville. À quoi ça sert ? Courir, d'accord, je vois bien. Ça peut toujours passer pour du jogging. Mais marcher. Et pourquoi pas faire les vitrines, tant qu'on y est ? » « Tant qu'on y est, ça c'est une bonne idée » répond-elle, ravie d'attraper au vol la perche que personne ne lui tendait.

La chasse et la cueillette, peut-être ? Ou peut-être pas.

L'HOMME, LA FEMME ET LE SHOPPING.

Ce soir, en rentrant, ils n'auront rien acheté. En tout cas, rien de ce pourquoi on était parti. Juste une paire de collants, pour elle, et des dominos, pour les enfants. Et une paire de gants pour lui. Un peu trop petite. Mais le cuir, ça lâche. C'est en tout cas ce qu'il a assuré à la vendeuse, qui lui proposait de revenir la semaine prochaine, parce qu'elle aurait sûrement reçu sa taille d'ici là.

Et si elle n'a pas insisté, la vendeuse, c'est parce que c'était l'heure de la fermeture. Et qu'il avait l'air d'y tenir dur comme fer à ses gants d'une taille en-dessous.

Elle, ce n'est pas qu'elle n'en aura pas essayé, des pulls, des jupes, des chaussures. Ce n'est pas qu'elle n'en aura pas fait déballer, des anoraks pour le petit, des rollers pour le grand, et des casseroles pour la cuisine. Mais elle n'aura rien acheté. Elle y retournera plus tard. Pas envie de se décider tout de suite. L'idée d'acheter, c'est déjà un peu acheter, puisqu'elle prend autant de plaisir à parcourir le chemin qu'à atteindre sa destination. Au finale, elle aura quand même passé un très bon moment.

Lui, au contraire, malgré sa paire de gants, aura vécu un après-midi de chien. De chien de chasse, avec rien ou presque dans sa gueule. La queue entre les jambes. Il se sentira tout penaud. Vexé. Inutile. Un peu honteux.

La chasse et la cueillette, peut-être ? Ou peut-être pas.

L'HOMME, LA FEMME ET LES VÊTEMENTS.

Et le lendemain, quand la femme, plantée depuis un quart d'heure montre en main devant son placard, va déclarer, au bord de la crise de nerfs : « J'en ai marre, je n'ai jamais rien à me mettre », comment croyez-vous que l'homme va réagir ? Moyen. Malgré toute sa bonne volonté. Il faut admettre que sa marge de manœuvre est excessivement limitée.

Soit il se tait, quitte à se faire traiter d'égoïste, avec en option l'hypothèse de se faire reprocher, une fois encore, d'être incapable d'écouter. Mais tout bien considéré, ce serait quand même la meilleure attitude. Du moins, la plus prudente.

Soit il va répliquer quelque chose du genre : « Et pourquoi tu crois qu'on s'est tapé trois heures dans les magasins, hier, pour augmenter leurs statistiques de fréquentations, peut-être ? », et là, on ne répond plus de rien, ça peut assez facilement partir en vrille, et selon la qualité des sujets en présence, durer de trois à quatre jours, avec engueulades violentes et insultes majeures.

Soit il peut donner un conseil : « Pourtant, ton tailleur noir, avec ce chemiser que je t'ai offert... » et, là encore, on n'est pas rendus. Pour deux raisons. D'abord, parce qu'il faut le savoir, quand une femme se plaint de ce qu'elle n'a rien à se mettre, ce n'est pas parce qu'elle n'a rien à se mettre.

L'HOMME, LA FEMME ET LES HUMEURS.

Mais, et c'est l'occasion d'une petite révision : d'un, parce qu'elle a le sens de l'exagération : ses placards sont pleins, et elle est bien placée pour le savoir, mais ça n'a rien à voir, c'est sa façon un peu excessive de dire les choses. Et de deux, parce qu'une femme vit essentiellement sur ses émotions. Une femme ne s'habille pas uniquement selon les circonstances – et pour un homme, c'est un argument assez incompréhensible, puisque les circonstances se suivent et se ressemblent –, mais selon ses humeurs. Qui sont variables, on l'a dit. Un matin, un jour de syndrome prémenstruel, tiens, on va dire, une femme peut très bien être incapable de choisir parmi ses dix-sept jupes celle... qui ne lui filera pas l'envie de se remettre au lit et de pleurer un bon coup. Tout simplement parce que pas une seule jupe au monde ne pourrait l'empêcher d'avoir envie de se recoucher et de geindre. Ensuite, parce que quand une femme se plaint, il ne faut surtout pas essayer de lui donner un conseil. Parler la défoule. Pour elle, dire ce qui ne va pas, c'est déjà s'en débarrasser. Il faut l'écouter. En montrant qu'on l'écoute, ce qui n'est pas toujours des plus évidents. Mais bon, ça vaut le coup de s'entraîner. Faire : « Hum, hum... » par exemple. Ou : « Oui, je vois... » Ou : « Ça, je comprends... » Mais non, rassurez-vous, on ne vous demande ni de voir, ni de comprendre. Juste de le dire, de faire semblant. Puis tout de suite après, de vous taire, pendant quelques minutes. Si le flot persiste à s'écouler, recommencer à intervalles réguliers. Un « Hum, hum », un « Je vois... », un « Je comprends... ». Et surtout, sans avoir l'air distrait. Sans faire autre chose à côté, parce que sinon, tout l'effet est gâché. Avouez que ce n'est pas sorcier. Ça semble donné à tout le monde, même au plus stupide des hommes. Et pourtant, c'est un challenge quasi impossible à relever. Pourquoi ? Parce que l'homme a une vraie bonne nature de S.A.V.

L'homme, c'est un S.A.V.

Comme le cerveau d'un homme est configuré pour voir les choses, comprendre comment elles fonctionnent, et s'assurer qu'elles marchent, il suffit d'un rien pour que sa fibre S.A.V. soit titillée. Car l'homme est un grand réparateur devant l'Éternel.

La maison peut crouler sous le linge sale, l'évier déborder de vaisselle dégoulinante, la moquette disparaître sous plusieurs strates de poussière, l'homme, en entrant, ne verra qu'une chose : le tableau de travers. Et d'un doigt sûr et maîtrisé, le remettra dans sa position à l'équerre, c'est-à-dire, par rapport à l'arête du mur, parfaitement perpendiculaire.

Ce sont quand même les hommes qui ont inventé le lit au carré, non ?

Cette approche, un peu spécialisée il faut l'admettre, déborde sur d'autres aspects de la vie. Si une femme lui parle de ses problèmes, il ne va pas juste l'écouter, il va se mettre en position de réparateur diplômé: puisqu'on lui expose un problème, c'est qu'on attend de lui une solution. Sinon, à quoi bon perdre son temps à bavasser ? Et dans le torrent de paroles qu'on lui déverse, dans un ordre approximatif qui le déroute un peu, il va chercher l'instant adéquat où il va judicieusement amener « sa » solution.

Si on la conteste, ou si on la néglige, l'homme se referme. Ou s'écarte. Ou cesse d'écouter.

Son attitude physique est extrêmement amusante à observer. Quand on dit qu'il se referme, ça se voit à l'œil nu : il resserre les jambes, ou il croise les bras. Quand on dit qu'il s'écarte, le plus souvent, il se lève sous un prétexte quelconque, un truc à aller noter ou un verre d'eau à se servir. Et quand on dit qu'il cesse d'écouter, pas besoin d'en dire plus, tout le monde voit de quoi on parle.

La femme, c'est S.O.S. Amitié.

À l'inverse, comme le cerveau de la femme, lui, est configuré pour observer les gens, comprendre comment ils fonctionnent, et s'assurer qu'ils vont bien, il suffit d'un rien pour que sa fibre S.O.S. Amitié soit titillée. Car la femme est une grande confidente pour tous ses semblables.

On peut lui répéter avec toute la conviction qu'on est capable de rassembler à un moment donné que, oui, tout va bien, je t'assure ; non, il n'y a pas le moindre problème ; oui, la journée s'est bien passée ; pas du tout, il n'y a pas eu de clash au bureau... si elle sent un truc qui l'alerte, elle ne lâche pas. Jusqu'à ce que l'homme, ainsi harcelé, finisse vraiment par à en avoir sa claque. Et se surprenne à répliquer un peu brutalement : « Tout va bien, c'est vrai, mais si tu continues comme ça, je ne garantis pas que ça va continuer. » Et elle, de répondre, si sûre de son fait : « Ah, tu vois, je te l'avais bien dit que tu avais un truc qui clochait. »

Ça, c'est quand on n'a rien à lui cacher. Alors imaginez quand on a vraiment un problème. Et qu'en tant qu'homme qui se respecte, on refuse d'en parler. Pour ne pas avoir l'air d'avoir besoin d'aide. Car l'homme, on s'en souvient, n'a jamais besoin d'aide. Il est assez grand pour tout résoudre tout seul...

Il y a des moments, on se demande vraiment comment on fait pour vivre ensemble. S'il n'y avait cette satanée survie de l'espèce à assurer, si ça se trouve, on passerait son temps à s'éviter.

Et le couple, ce serait touché, coulé.

Face à l'action, la femme peut, l'homme veut.

Toujours en provenance directe de l'époque lointaine des cavernes, deux caractéristiques fortement sexuées dans l'esprit des gens : ce qu'on a longtemps appelé la passivité des femmes et l'agressivité (dans le sens activité) de l'homme.

Coincée dans sa grotte, la femme, historiquement, a toujours eu l'image de celle qui attend que ça vienne, que ça lui tombe dessus. Une qualité finement mise en mots par le célébrissime : « Un jour mon prince viendra », qui constitue, il faut bien l'avouer, l'hymne de toutes nos meilleures amies, dès qu'on se met à parler de sentiments et de choix de vie.

L'homme, lui, va chercher. Comme un chien bien dressé.

« L'HOMME PROPOSE, LA FEMME DISPOSE. »

Longtemps traduite dans les rapports amoureux par la nécessité pour l'homme de faire les premiers pas – « L'homme propose, la femme dispose » disait-on, en ces temps un tantinet désuets où les femmes faisaient sagement tapisserie, en compulsant fiévreusement leur carnet de bal, et en attendant que les hommes aient la bonne idée de venir les inviter à danser –, cette loi du savoir-vivre et draguer est bien sûr aujourd'hui révolue. Une preuve ? Maintenant, les femmes dansent toutes seules, sans rien demander à personne.

D'accord, on voit encore peu de filles aller inviter un type pour un slow. Mais c'est tout simplement parce qu'il n'y a plus de slow. Et aussi, peut-être, parce que même si la loi n'est plus en vigueur, les mentalités, elles, sont figées. D'ailleurs, après un premier rendez-vous, c'est toujours le garçon qui propose : « Je te rappelle. » Et toujours la fille qui répond, déjà anxieuse : « Très bien. Au fait, ce soir je suis là, je ne bouge pas de chez moi. »

Cela dit, cette répartition des rôles est probablement plus sexuelle que sexuée, car dès qu'on sort des rapports amoureux, ces mythes sont moins vrais. Dans le cadre du travail, par exemple, on note souvent une plus grande prise d'initiative chez les femmes. Sur dix femmes mécontentes de leur sort, sept cherchent un nouveau job au bout de six mois, contre seulement cinq hommes sur dix.

LA FEMME SE CONFORME, L'HOMME SE SINGULARISE.

La femme a tendance à trouver son bien-être en étant « pareille » que les autres membres de son groupe. Faire partie d'un clan, partager ses valeurs, être acceptée.

Dans ce cadre-là, la mode féminine est sans doute un phénomène issu de ce besoin de conformité. La mode, ce sont des règles et des consignes à respecter pour s'assurer une place dans le groupe. Pour se rassurer. Et il y a évidemment plus de fashion-victims chez les femmes. Porter le bon accessoire, adopter la bonne couleur, afficher le bon sigle, c'est dire à ses congénères qu'on est de la même tribu, du même camp. C'est donner tous les indices de bonne volonté pour entrer en relation sur le mode pacifique.

Pour les hommes, la notion de vêtement est vécue différemment. Ils ne s'habillent pas, ils se couvrent. L'idée même de mode masculine est moins recevable. De plus, étant moins attentifs aux détails, ils leur accordent forcément moins d'importance. En s'habillant comme ils le font, en réalité, ils ne se conforment pas à un modèle, ils manifestent leur indifférence à un système, auquel ils ne comprennent pas grand-chose.

Par contre, dès qu'ils se trouvent sur un terrain connu et reconnu, les hommes cherchent à se singulariser. Pour exister, ils ont besoin de se faire remarquer, d'avoir la tête qui dépasse. Être différent. Et si en plus on peut rafler le titre de chef...

LES FILLES SONT EN GROUPE, LES GARÇONS, EN BANDE.

Deux anthropologues ont eu la bonne idée d'observer des enfants pendant qu'ils jouaient. Et là, dès le plus jeune âge, les choses ont tendance à se dessiner. Et à nous rappeler sérieusement nos arrière-arrière-grands-parents.

Pour commencer, les garçons préfèrent jouer à l'extérieur, les filles, à l'intérieur.

Quand les garçons organisent un jeu, ils s'empressent de désigner un chef. Si on compte plusieurs candidats, ce qui peut arriver, la bande tranche. Puis se tient à sa décision. Les filles fonctionnent plus volontiers entre « meilleures amies », des groupes de deux à trois individus, parfois augmentés de sympathisantes.

Il y a enfin le discours, qui est complètement différent. Les garçons vont employer l'impératif. Le temps et le ton. « Toi, prends cette balle... Arrête de courir, maintenant... Tire... Passe-moi le ballon... » Les filles, elles, vont enrober les choses, et préférer le conditionnel : « Et si on jouait au ballon ? Et si on disait que j'étais la princesse et toi la sorcière ? Et si on faisait une partie de jeu des sept familles ? »

Les filles aiment jouer, les garçons, gagner.

Mais surtout, les règles des garçons prévoient des gagnants, et font des perdants, même s'ils jouent à l'intérieur, aux voitures ou aux Lego. Il y a toujours le moment où la Jaguar passe devant la Ferrari, et où la tour de l'un monte plus haut que la tour de l'autre.

Pas les règles des filles. Même si elles jouent à l'extérieur, dans la cour de récré, à la marelle ou à l'élastique, elles vont jouer chacune à leur tour, en laissant la place à la suivante sans trop discuter dès qu'elles échouent.

C'est tout simplement dû au besoin masculin d'être reconnu. Les hommes ont besoin de pouvoir, de statut. C'est pour cela qu'ils s'accommodent plus facilement d'une hiérarchie. Ils ont même inventé la hiérarchie la plus aboutie : l'armée. Les femmes, elles, ont besoin d'être appréciées plutôt que reconnues.

La femme marche à l'émotion, l'homme, à la domination.

Dans une étude récente, paraît-il, on demandait à des hommes et à des femmes de choisir dans une liste très complète les mots qui correspondaient le mieux aux valeurs qui régentaient leur vie, ce qu'elle était ou ce qu'ils auraient souhaité en faire. Les hommes ont choisi en priorité et en majorité : « Audace, domination, autorité, admiration, pratique. » Les femmes : « Générosité, attraction, don, chaleur, émotion. »

De même, au moyen de scanners et d'IRM, une chercheuse canadienne a tenté de localiser le siège de l'émotion chez l'homme et chez la femme. Chez l'homme, il est apparemment bien centralisé sur une petite zone de l'hémisphère droit. Qui sera étonné d'apprendre que chez la femme, il est diffus, sur les deux hémisphères, nulle part et partout à la fois ?

Au cours d'une dispute, un homme laissera à peine suinter ce qu'il ressent. Normal, il est compartimenté et ne peut à la fois penser et vibrer. Il énoncera ses arguments dans l'ordre, avec une certaine rigidité, même si la femme, qui fonctionne par association d'idées, tente de l'entraîner vers un autre sujet. Parfois, on aura l'impression qu'il se désintéresse de la discussion. C'est simplement parce qu'il lui faut marquer un temps d'arrêt pour laisser à sa réflexion le temps de s'organiser. Sa réponse n'est pas encore prête à être énoncée. C'est un peu comme l'ordinateur, quand il affiche la montre.

Il ne reste plus qu'à patienter. Pour relancer.

La femme, elle, tout en pleurant, insulte, accuse, et se défend. Normal. Pendant qu'elle pense, elle souffre. Et plus elle y réfléchit, plus elle le déteste. Elle se voit déjà le quittant. L'ayant quitté. Parfois, on aura l'impression qu'elle mélange tout. C'est simplement qu'elle pense à un autre truc, dont elle ne lui avait pas parlé sur le moment, histoire de ne pas faire d'histoire, mais qui lui revient maintenant, puisqu'après tout, foutu pour foutu... C'est un peu comme quand l'ordinateur affiche la bombe.

Il ne reste plus qu'à tout débrancher. Et à faire redémarrer.

En cas de stress, la femme bavarde, l'homme se retire.

Passons d'une dispute à une autre. Un peu comme dans la vie. Tout a démarré, comme d'habitude, sur un malentendu. Et là, le terme est vachement bien choisi, vous allez voir.

Ils sortent de voiture. Sur le trottoir, un bébé dans un landau. Elle le regarde avec attendrissement. Le bébé. Pas lui. Puis, soudain, elle fronce les sourcils, durcit son regard. L'homme à ses côtés, qui ne se doute de rien de ce qui est en train de mijoter, et qui en serait presque à siffloter de contentement en sortant du coffre le résultat abondant d'une après-midi de courses, attend qu'elle le rejoigne. Il la voit bien venir, mais pas comme il s'y attendait. Elle fait la gueule. Et brusquement, sans prévenir, elle lui dit laconiquement : « Quand je pense à ces cartons... » Aïe. Voilà que ça revient, il se dit. Un peu comme une maladie qui lui retomberait cycliquement dessus. Sur elle. Et donc sur lui.

QUAND UN HOMME SE SENT MAL, IL SE TAIT.

Retour en arrière. Il y a une petite vingtaine d'années, au moment où leur premier fils allait naître, il a repoussé plusieurs week-ends de suite le moment de vider les cartons de déménagement de la chambre du futur arrivé. Toujours avec des prétextes plus ou moins bidons.

Moyennant quoi, un soir de semaine, en rentrant, il a eu la surprise de la découvrir pliée en deux sur un canapé, tout juste en mesure d'articuler ces quelques mots : « Finalement, je n'avais pas besoin de toi. Pour les cartons, c'est fait. » Et une contraction, une.

Elle se tient le ventre, et pour les contractions, on est un peu en avance. Cinq, six semaines, facile. Il est désespéré. Il ne sait pas quoi dire. Il se tait. Mais voilà une autre contraction qui s'annonce. « Appelle l'hôpital » lui crie-t-elle, le visage grimaçant de douleur. Il appelle. Ils y vont.

L'accouchement a lieu quelques jours plus tard. Un beau bébé, mais un peu petit. Normal. Quand on naît à tout juste huit mois. Ensuite tout s'est bien passé. On a même fait une très belle fête pour célébrer la naissance. Et puis l'épisode des cartons, on l'a oublié. Plutôt, on s'est efforcé de l'oublier. Lui surtout.

En réalité, régulièrement, elle y a fait allusion. D'un mot ou deux, jamais plus. Si elle n'est jamais allée plus loin, et si elle ne lui a jamais avoué qu'au fond, elle considérait qu'elle partageait sa culpabilité – après tout, pour lui donner une leçon à lui, elle n'avait pas à prendre le moindre risque pour le bébé –, c'est parce que lui, au summum de la culpabilité, s'est tu. Chaque fois. Comme aujourd'hui. Vingt ans après, qu'est-ce qu'on y peut ?

Alors, la conversation a repris, comme si de rien n'était, sur un autre sujet. Avec toujours le même enchaînement. Et toujours la même conclusion : une dispute. Officiellement à propos d'autre chose.

QUAND UNE FEMME SE SENT MAL, ELLE A BESOIN D'EN PARLER.

Là où l'histoire est vraiment insupportable, c'est qu'il suffirait de si peu de chose pour la neutraliser. Mais il ne le sait pas. Et elle non plus.

C'est quoi ?

Il suffirait qu'il montre qu'il a entendu. Qu'il a compris. Il suffirait qu'il réagisse. Qu'il donne acte. Qu'il dise, une bonne fois pour toutes : « Je sais, j'ai déconné. Tout ça était de ma faute. Mais heureusement, ça n'a pas eu de conséquence vraiment grave. Le bébé est né, et bien né, et en bonne santé. Et aujourd'hui, tout va bien. » Et là, elle lui dirait que, elle aussi, elle a un peu exagéré. Et tout serait fini. Car tout serait dit.

Et tout serait effacé ?

Tout.

Et pourquoi ?

Parce que la femme est dotée d'une mémoire émotionnelle

exceptionnelle, et qu'elle se souvient de tout. Pas seulement des événements, mais des émotions qui les accompagnent. S'en souvenir, si c'est un événement douloureux, c'est avoir mal de nouveau. Pour l'évacuer, elle doit en parler, à fond, au plus profond. Tant qu'elle n'en parle pas, elle garde. Sur le cœur, comme on dit. Tant qu'elle ne le dit pas dans les moindres détails, elle ne s'en débarrasse pas. Il faut « vider l'abcès ».

UNE FEMME RÉSOUT SES PROBLÈMES EN EN PARLANT.

Car la femme, pour neutraliser les problèmes, dispose d'une technique très fiable : en parler. En parler, c'est leur donner un nom, c'est les identifier, c'est aussi s'en décharger. Comme on décharge de son ordinateur un logiciel dont on souhaite se débarrasser.

C'est ainsi que la femme évacue le stress par la parole. Dans une situation difficile, bizarrement, il paraît que c'est la fonction discursive de la femme qui est la plus mobilisée. Elle parle, comme un évier déborde. Alors pas question de lui faire remarquer que ce n'est pas toujours dans un ordre irréprochable, ni qu'elle se plante un peu dans les priorités.

Pour elle, la parole, c'est un pont jeté vers les autres : ça tombe bien. Quand elle va mal, c'est des autres qu'elle a besoin, et des liens qui les unissent. Elle trouve un début de solution dans la relation qu'elle a avec eux.

Pour une femme, parler de ses problèmes n'a rien d'inconvenant. C'est une étape de plus vers une plus grande intimité. À tel point que le degré de ses amitiés s'évalue souvent à la nature et à la profondeur des problèmes racontés.

Mais il ne faut pas oublier non plus que la femme peut faire plusieurs chose à la fois : quand elle parle, rien ne l'empêche de penser. Ce dont elle ne se prive pas. Histoire de mettre de l'ordre dans ses idées.

Dans ces moments-là, si une autre femme est avec elle, elle sait intuitivement ce qu'il faut faire : écouter. Avec attention, avec compassion.

Un homme, non.

Un homme résout ses problèmes en se taisant.

Parce que l'homme, lui, en situation de stress, voit sa capacité spatiale gravement activée. Il la met en branle pour trouver des solutions. Il n'a besoin de la parole ni pour poser les problèmes, ni pour les résoudre – il réfléchit très bien sans. Au contraire. Comme il ne peut solliciter qu'une seule fonction cérébrale à la fois, quand un homme est placé sous pression, il met en veilleuse tout ce qui ne sert pas immédiatement au but qu'il poursuit. Il se concentre. Se recentre. Zoome à fond. Et cherche en lui-même les solutions qui lui permettront de s'affranchir du stress. On ne va pas vous refaire le coup du chasseur au beau milieu de nulle part dans la forêt inhospitalière face à une bête énorme qui s'apprête à lui sauter sauvagement dessus, mais on pourrait. Ce serait un moment très approprié.

Et puisqu'on y est, imaginez qu'à ce moment-là, il y a des millions d'années, une femme intervienne dans la scène pour proposer à son homme des cavernes : « Je peux t'aider ? » Pas de doute qu'il l'envoie bouler. Et pas forcément avec un mot gentil. Eh bien de nos jours, c'est pareil. Quand un homme réfléchit à la meilleure façon de résoudre son problème, ce qu'il demande, c'est qu'on ne le dérange pas. Imaginez-le avec une pancarte : « Ne pas déranger » sur le front, et, femme, enfant, ami ou relation de travail, écartez-vous prudemment. D'ailleurs, comme il se rend compte que s'il reste là, au beau milieu de tout le monde, ça ne va pas rater, quelqu'un va bien finir par lui proposer de l'aide, il fuit. Il s'isole. Il s'enferme en lui-même. Et dans sa chambre.

Et pourquoi il n'en veut pas, de cette aide, que femme, enfant, ami ou relation de travail, lui offrirait bien généreusement ? Rappelez-vous, un homme n'a jamais besoin d'aide. Ses problèmes, il va les résoudre tout seul. En parler, ce serait déjà avouer qu'il en a. Et accepter d'être pris en défaut.

En cherchant des solutions à ses problèmes, un homme pose des problèmes à sa femme.

Seulement voilà, quand un homme va mal au point de se murer en lui-même, la femme se fait du souci. Elle a beau se dire qu'à un moment ou à un autre, tout va aller mieux, elle s'inquiète. Parce qu'elle se compare. Elle, dans ces moments-là, a tant besoin de parler : pourquoi reste-t-il muet ? Elle trouve un tel soulagement à expliquer ses problèmes : pourquoi refuse-t-il même de les évoquer ?

Si elle savait qu'à cet instant précis, si l'homme semble déconnecté de la vie, c'est parce qu'il l'est en réalité, elle serait moins angoissée. Alors voilà l'occasion de le lui dire.

Quand un homme va mal, c'est un peu comme Hulk. Il est tout vert, tout de mauvaise humeur, tout ébouriffé, et on ne le reconnaît pas. Eh bien sachez que lui-même vous voit à peine. Initialisé en mode « résolution du problème », il déconnecte toutes ses autres fonctions, tous ses autres logiciels.

Le logiciel de l'émotion, ça va de soi. C'est même le premier qu'il fait disjoncter : il ne manquerait plus que la moindre émotion vienne parasiter sa réflexion.

Le logiciel relationnel, ça va avec. Si vous l'aimez, vous comprendrez, il se dit – alors que c'est justement parce qu'elle l'aime qu'une femme aura vraiment du mal à comprendre, mais bon, il s'agit aussi d'accepter honnêtement de se mettre à sa place.

Le logiciel des sens suit dans la foulée : il n'est plus disposé ni à parler, ni à écouter, et à peine à regarder ce qui se passe autour, alors autant qu'il le débranche, histoire d'économiser un peu de puissance. Déconnecté, on vous dit. Et maintenant vous comprenez que ce n'était pas au figuré. Alors, rassurée ?

En cherchant des solutions à ses problèmes, une femme pose des problèmes à son homme.

Voyons à présent la situation symétrique. Une femme, face à un problème, qui se met à en parler pour l'évacuer. « Je n'en peux plus ; ça ne va pas du tout... »

L'homme en présence est complètement dérouté, décontenancé. Quelque chose qui ne va pas ? Et si c'était de sa faute ? (Une fois sur deux, ça l'est, mais là, on parle de l'autre.) Et s'il n'était pas capable de lui donner tout ce qu'elle mérite ?

Et s'il était nul ? Il tente quand même une sortie : « Après tout, ce n'est peut-être pas si grave que ça. Si on triait. Si on remettait les choses à plat. » Elle, elle tort du nez. Mais elle continue. À parler et à raconter. Tout en pleurant.

Comme, après avoir tourné autour, elle a fini par en venir au fait, il comprend enfin que ce n'est pas de lui qu'il s'agit. C'est un problème au boulot. « J'ai trois rapports à rendre la semaine prochaine, je ne vais jamais y arriver. »

Un problème de délai ? Mais attendez, les problèmes de délais, moi, ça me connaît. Il ne faudrait quand même pas oublier que j'ai quasiment un DESS Délais en poche. Mais oui, il va y aller de son petit conseil, et tout va s'arranger : « Tu n'as qu'à travailler ce week end, je m'occuperai des enfants. » Pas mal, hein. Le truc avec les enfants en plus, c'était bien réfléchi.

« Et la nuit, aussi, tant que tu y es ! », elle répond. Alors là, il est sonné. Il n'a pas donné la bonne solution ? Et son diplôme de S.A.V., alors, qui va le lui valider ?

Alors qu'est-ce qu'il fait, l'homme ? Il se dit que puisqu'il ne peut pas aider, autant qu'il la laisse seule. Et, dignement, il s'écarte, vaillamment, il s'enfuit. Il est près de la porte d'entrée. Ou plutôt de sortie.

C'est alors qu'elle dit : « Tu y vas ? », ce qui signifie en langage direct : « Attends, ne pars pas, tu écoutes comme une otarie et tes solutions sont plus vaseuses que le fond d'une mare, mais j'ai quand même besoin de toi, que tu sois là, que tu m'écoutes, ou qu'au moins tu fasses semblant, sinon, moi, c'est bien simple, je fais une dépression. »

Seulement, ce jour-là, il n'avait pas son lexique sur lui. Et il n'a pas compris. Alors il est parti.

Persuadé qu'au fond c'était vraiment la seule chose intelligente à faire : lui laisser du temps pour réfléchir. Et relativiser. Et s'en sortir. Parce que lui, quand ça ne va pas, c'est la seule chose qui lui fasse du bien.

Quand un homme se tait, sa logique est en action.

Et quand ça ne va vraiment pas du tout, ce qui lui fait du bien, c'est d'aller sur un stade. Ou sur un green. Mais ne vous méprenez pas. Dans ces moments difficiles, même s'il a l'air en plein air, en réalité, un homme est enfermé en lui-même. Barricadé. Le foot ou le golf, c'est juste pour reprendre son souffle, parce qu'il butait tellement sur le problème qu'il se faisait mal. Et qu'il a décidé de tout mettre en *stand by*. Et comme, une fois de plus, en tant qu'homme, il ne peut solliciter qu'une fonction cérébrale à la fois, s'il souhaite ne plus penser à son problème, il lui suffit de se focaliser sur une balle ou sur un ballon. Et de lancer dans cette bagarre-là, à toute puissance, sa capacité spatiale, l'empêchant irrémédiablement de s'appliquer à ce qui le tracasse vraiment. Un genre de vacances.

Et si ça va encore plus mal, s'il vient à l'esprit de celle qui partage sa vie de lui suggérer d'aller voir « quelqu'un » – le nom qu'on donne au psy quand on en parle à son mari –, ne pas s'étonner s'il se met en colère. Un homme se sent minable s'il ne trouve pas tout seul ses solutions. Pour lui, c'est un signe de faiblesse. Et ce n'est pas un hasard si sur dix personnes qui fréquentent les cabinets de psy, il y a neuf femmes. Qui, elles, sont si heureuses de pouvoir parler à quelqu'un qui les écoute. Quitte à les payer.

Quand une femme se tait, sa rancune est en marche.

Parler et être écoutée, pour une femme, c'est si important que, si elle ne peut évacuer son stress auprès de celui qui partage sa vie, son malaise enfle, et tout le ressentiment qui en découle, c'est contre lui qu'elle finit par le diriger. Lui, non pas parce qu'il est à la source des problèmes qu'elle rencontre, mais parce qu'il n'est pas la mer où elle pourra les déverser...

Et quand une femme cesse de se plaindre de tout ce qui la perturbe auprès de lui, l'homme ne devrait pas se réjouir, en se disant : « Youpi, elle a enfin compris que ça ne sert à rien de geindre, elle se prend en main, c'est bien. Elle devient forte. Autonome. Elle a mûri, elle a grandi. Elle est vraiment formidable, ma femme. Et moi, en plus, ça va me faire du repos. » Il serait plutôt en position de s'inquiéter. Si elle cesse de le prendre à témoin, c'est qu'elle n'a plus confiance en lui pour lui servir de déversoir. Et que la relation pourrait bien être assez polluée pour justifier une intervention rapide de Green Peace.

Mais, quand on y réfléchit, comment leur en vouloir, aux hommes ? Avant, c'est-à-dire pendant quelques millions d'années, et jusqu'au milieu du siècle dernier, quand ils voulaient montrer à leur femme l'intérêt qu'ils lui portaient, il suffisait globalement qu'ils rapportent de quoi manger. C'est un peu caricatural, mais pas fondamentalement faux. Moyennant quoi, les femmes qui, elles, restaient à la maison, quand elles avaient vraiment besoin « d'entrer en relation », de parler, d'aller mieux face à un problème rencontré, elles s'adressaient à leur mère, aux femmes de la famille, ou à leurs amies. Comme elles étaient toutes ensemble dans la grotte, ou chacune chez elle dans une des ailes du palais, ou dans l'un des corps de la ferme, il y en avait toujours au moins une pour écouter.

Aujourd'hui, les groupes s'organisent autrement. Les tribus, c'est de la préhistoire. Les familles qui vivent ensemble, c'est dans les vieux feuilletons à la télé. Le couple est devenu le groupe le plus répandu. Résultat : alors qu'ils n'ont pas été préparés à ça, on demande aux hommes de communiquer.

Peut-être faudrait-il leur laisser un peu de temps pour apprendre.

Il a bien fallu aux femmes quelques milliers d'années...

Le temps qu'il leur faudra de leur côté pour s'habituer à voir et à accepter que chez elles, dans leur F3 ou leur hôtel particulier, leur homme, quand il va mal, aille se réfugier dans sa caverne !

Dans une relation, la femme a besoin de se sentir aimée, l'homme, de se sentir utile.

Jusqu'à présent, toutes les différences fondamentales que nous avons expliquées concernaient les hommes et les femmes en général, dans leurs rapports quotidiens et banals, même si les histoires de photocopieuses se plaçaient plus naturellement dans un univers de bureau et les anecdotes de fins de soirées dans un cadre privé.

Nous voilà désormais arrivés au plus sensible du problème, au plus subtil de la relation : la relation sentimentale. Le couple, d'un jour, d'un mois ou d'une vie. La vie à deux.

La vie à deux.

La vie à deux a ceci de particulier que c'est tout pareil que dans les autres cas – amitié, échanges professionnels, rapports familiaux... –, et donc déjà pas vraiment évident, avec juste quelques petites subtilités supplémentaires qui rendent les choses encore beaucoup plus compliquées, et infiniment plus douloureuses.

Quand on vit avec un colocataire, et si, quand on est une femme, on espère qu'il descende la poubelle sans qu'on le lui demande, qu'il nous écoute quand on rentre déprimée, qu'il évite de faire hurler la chaîne quand on dort – même s'il est 11 heures du matin –, si c'est juste un ami, ça va beaucoup agacer, mais pas au point de compulser fébrilement les petites annonces d'immobilier. Si, quand on est un homme, on devient vert à force d'attendre – le matin, que la salle de bains se libère, le soir, pour attraper la séance de huit heures –, si on ne supporte plus le dentifrice pas rebouché, et si on disjoncte, au moment des comptes, quand elle compte sur ses doigts, on va se montrer irrité, mais on finira quand même par s'en accommoder.

Maintenant, si ces deux-là ne sont plus amis, mais amoureux, c'est carrément l'enfer qui s'ouvre devant eux.

Les relations sentimentales et le sexe – le chapitre suivant –, sont les deux domaines où nos différences se transforment en réelles divergences, au point de provoquer de sérieux ravages.

Et comment s'en étonner quand on part du principe que là, il ne suffit plus seulement de parvenir à s'entendre mais de continuer à s'aimer. Il ne suffit pas d'aplanir nos différends, mais de générer des sentiments. Et de bons si possibles.

Ah, qu'il est beau !

Elle finit à peine ses études et vient d'accepter un petit boulot. Remplir des questionnaires pour des sondages. Payés une misère par questionnaire. Mais il faut bien commencer. Et puis il y a un voyage en Thaïlande à la clef. Les sondées : des ménagères de banlieue. Qui toutes, ce jour-là, lui ont claqué la porte au nez. Il est cinq heures de l'après-midi. Elle n'a rempli aucun questionnaire. Le Bouddha Couché ne lui a jamais semblé si loin. Elle en a marre. Elle veut s'arrêter. Elle cherche le métro pour rentrer. Mais impossible de lui remettre la main dessus. Elle tourne un peu. En rond. Elle ne reconnaît rien. Elle est perdue. Au bord des larmes. Sur cette place immense, où elle ne croise pas un passant, une cabine téléphonique. Elle compose son numéro. Il répond. C'est dans un sanglot qu'elle lui dit tout : la journée gâchée, la fatigue, l'impression d'être au beau milieu de nulle part, le découragement. Il lui demande l'adresse. Elle arrive à lire le nom sur une plaque lumineuse. Elle a à peine le temps de se moucher deux ou trois fois, de se demander si elle lui a bien donné le nom de la ville, qu'il est là. Dans sa vieille caisse pourrie. Mais elle, elle pourrait jurer qu'elle vient de voir apparaître un grand cheval blanc, qui l'emporte. Soudain, elle s'est sentie sauvée. Aimée. Quant à lui, quand il s'est vu dans ses yeux à elle, qu'est-ce qu'il s'est trouvé beau et fort ! Un genre de héros. Fin du premier acte.

Ah, qu'elle est aimée !

Cinq ans plus tard. Elle est en formation pour sa boîte, dans un hôtel en banlieue. Il est tard. Parmi ses collègues, personne ne peut la ramener. Elle l'appelle à la maison. Il est déjà rentré. Elle demande s'il peut venir la chercher. Il accepte aussitôt. Elle lui dit où elle est. Pour l'aider, elle s'aide de l'itinéraire dessiné sur le dépliant de l'hôtel. Seulement, comme son sens de l'orientation est un peu défaillant – c'est une femme –, elle s'emmêle un peu. Une heure plus tard, il n'est toujours pas là. Quand il arrive, elle est soulagée, mais elle fait un peu la gueule. Qu'est-ce qu'il foutait ? Il a beau lui expliquer qu'elle ne lui avait pas parlé de la bretelle, à droite, après la rocade, elle n'arrive pas à se dérider. L'atmosphère est lourde, pendant le retour. Mais le temps du parcours suffit à dissiper le malentendu. Et c'est main dans la main qu'ils appellent l'ascenseur. Il est quand même gentil, malgré sa fatigue de la journée, d'être venu la récupérer. Pas de doute, il tient à elle, il l'aime. Elle l'embrasse. Son petit cœur à lui s'emballe. Et dans le miroir de la cabine qui monte jusqu'à leur troisième étage, il se trouve assez beau et fort. Un héros ? Oui, mais bon, disons de série B. Fin du deuxième acte.

AH, QU'IL EST MOCHE !

Une petite dizaine d'années après. Elle sort de réunion. Ça se passait au siège administratif d'une énorme entreprise, en banlieue. Il est tard. Elle pense aux enfants, qui doivent s'impatienter. À la jeune fille au pair, qui va lui faire une scène quand elle va rentrer. À sa mère, qu'elle n'a pas appelée depuis trois jours, et qui doit s'inquiéter. Elle actionne l'ouverture automatique des portes de sa voiture. Rien ne se passe. Elle fait un signe d'au revoir à ses clients, qui démarrent, bien au chaud dans leur petite auto. Elle appuie de nouveau sur le bouton. Rien. Elle appuie plus frénétiquement, rien encore. Elle essaie l'ouverture manuelle : ça résiste. Elle frappe sa voiture, des poings, des pieds. Mais ça ne donne toujours rien. À part qu'elle s'est fait mal. Elle est là, perdue dans ce grand parking tout noir, seule. Elle regarde autour d'elle : pas d'autre voiture, à part la fourgonnette de l'équipe de surveillance. Il fait froid. Elle en a marre. Elle ne pleure pas, parce que maintenant elle est grande, et qu'une femme, une vraie, de nos jours, ça ne pleure plus, mais les larmes sont au bord des yeux. Tout lui remonte, avec un goût d'amertume. Elle lui en a parlé, de cette réunion. Elle lui a dit qu'elle sortirait tard, très tard. Mais tu crois qu'il aurait proposé, pour une fois, de rentrer plus tôt ? Tu parles. Il s'en fout. Il s'est si bien habitué à ce qu'elle s'occupe de tout. Ce qui lui ferait plaisir à elle, qui s'en soucie ? Ce qui l'aiderait ? Encore moins. Elle compose son numéro sur son portable. Sans prendre la peine de dire bonjour, elle l'interroge : il est où ? Au bureau, il répond. Tu me crois à la fête foraine ? il commente. Sa réponse l'agace. Comment lui dire qu'elle voudrait bien qu'il vienne la chercher ? Impossible d'ouvrir ma voiture, elle dit. Tu as essayé l'ouverture manuelle ? il conseille. Le conseil l'exaspère. Pour qui il la prend ? Pour la dernière des demeurées ? Elle se tait. Lui aussi.

AH, QU'ELLE EST MALHEUREUSE !

Bon, finit-elle par dire, je vais appeler un taxi.

Un taxi, il se dit, et moi, je ne suis pas assez bon pour aller la chercher ? Elle ne me fait plus confiance, elle ne m'admire plus, elle n'aime plus ce que je suis ; à choisir, elle préfère un taxi, il se dit, en disant : « C'est ça, tu as raison, appelle un taxi. » En se sentant très moche. Un zéro.

Un taxi, elle pense. Et lui, il a oublié qu'il a une voiture ? Il ne m'aime plus assez pour faire 30 bornes à 7 heures du soir ? Il ne s'intéresse plus assez à moi ? Il ne se rend pas compte que je suis désespérée ? Que j'ai besoin qu'on m'aide, qu'on me tende la main ? Et les bras ?

Et elle appuie sans répondre sur le bouton « fin » de son portable. Elle ne lui a pas vraiment raccroché au nez – mais ça, elle va se marrer, tout à l'heure, pour le lui expliquer. Elle s'est juste dépêchée d'en finir avec cette conversation inutile pour appeler le taxi et sortir au plus vite de ce cauchemar. Fin du troisième acte. Et peut-être bien fin de la relation.

Pour vivre pleinement et harmonieusement une relation amoureuse, les femmes ont besoin de se sentir aimées. Et les hommes de se sentir utiles. Ça ne semble pas bien compliqué. Et pourtant, qui parvient vraiment à remplir sa part du marché ?

Une femme a besoin d'attention. Au singulier.

Parce qu'une femme vit branchée sur ses émotions, elle a besoin qu'on lui porte de l'attention.

Attention au mot attention. Il veut en dire, des choses.

Les hommes, quand ils l'entendent, comprennent volontiers cadeaux. Ce qui les arrange bien. Car cette attente, parfaitement digne, peut très aisément être traduite de façon péjorative. Les femmes veulent être gâtées, ils se disent. C'est puéril. Et capricieux. Ça ressemble à l'idée désuète qu'on se fait d'une femme entretenue, qu'on couvre de cadeaux, de parfums luxueux, de nuisettes transparentes et de fourrure hors de prix. C'est à ce stade de leur réflexion que les hommes concluent que, si la femme veut être l'égale de l'homme, voilà une image dont elle ne peut pas s'accommoder. Vous imaginez une féministe recevant avec le sourire ce genre de trucs ringards et avilissants ? Il ne manquerait plus qu'il lui trouve un gentil petit studio et qu'il lui achète un gentil petit chien pour lui tenir compagnie.

Alors commençons par tordre le cou aux mauvaises interprétations de ce mot.

Oui, une attention peut être un cadeau. Mais pas forcément un cadeau ruineux. Cette pierre qu'elle a trouvée jolie sur le chemin, et qu'elle n'a pas ramassée. Ce cendrier amusant dans l'hôtel de ce fameux week-end, qu'elle n'a pas osé voler et qui peut se négocier avec la femme de chambre.

Oui, une attention peut être un cadeau. Mais pas forcément. C'est passer la prendre au bureau un jour où on sait que sa voiture est en révision. C'est l'appeler juste avant une réunion qui la tracasse, pour lui dire qu'on est avec elle. C'est lui racheter de la vitamine C parce qu'on s'est rendu compte le matin qu'elle arrivait au bout de son tube de comprimés.

La femme sait qu'elle est compliquée.

Très bien tout cela, parfait, mais encore faut-il le savoir ? Eh bien justement, voilà pourquoi ça s'appelle une attention. C'est parce qu'il faut être attentif. Et qu'une femme a besoin de savoir que celui qui dit qu'il l'aime a les yeux rivés sur elle. Ça la rassure. Et Dieu sait qu'elle a besoin d'être rassurée. Une femme, bien plus qu'un homme, a moins besoin d'amour que de preuves d'amour. C'est dans ces preuves qu'elle puise sa sérénité. Sa certitude d'avoir bien choisi, de ne pas s'être trompée. Et rien ne la rend plus malade que d'être ignorée.

Sauf de n'être pas comprise. Une femme a souvent conscience qu'elle n'est pas facile à comprendre. Elle a conscience de sa complexité. Et il ne faut pas être bien finaude pour ça. Elle s'en rend bien compte que parfois elle veut une chose et son contraire. Qu'elle désire ce qui lui fait le plus peur au monde. Qu'elle dit des choses qui dépassent sa pensée. Ou qu'elle ne dit pas sincèrement ce qu'elle a sur le cœur.

Alors si son boulanger lui répond que non, vraiment, il ne peut pas lui trouver une baguette pas trop cuite mais bien croustillante, si son agent de voyage l'agace avec ses fax répétés, à deux jours du départ, pour savoir si oui ou non elle confirme ces deux randonnées à cheval en Amazonie, si son coiffeur essaie de lui faire admettre qu'elle avait dit, et bien dit, qu'elle voulait être blonde, pas châtain clair, sinon vous pensez bien, il n'allait pas se mettre un tel problème sur le dos, et même si son meilleur ami lui reproche de ne pas le lui avoir avoué plus tôt, qu'elle détestait la bouffe japonaise... elle va s'en sortir. Elle va s'arranger. Elle va négocier avec elle-même et avec les autres.

La femme choisit un homme pour sa capacité à la comprendre.

Mais si, quand elle dit qu'elle est épuisée, l'homme de sa vie a le malheur de lui faire remarquer qu'au fond, tout bien pesé, elle n'a pas tant que ça à faire, là, elle fait un caca nerveux.

Car pourquoi croyez-vous qu'elle ait choisi un homme et

un seul pour partager sa vie ? Pourquoi croyez-vous qu'elle ait choisi celui-là et pas son voisin d'à côté, qui, à première vue, aurait aussi bien pu faire l'affaire ? Parce qu'elle avait supposé que celui-là, et seulement celui-là, grâce à tout un ensemble de signes qui sont censés ne pas tromper, serait en mesure de la comprendre.

Quand elle dit épuisée, c'est une image, et ce qui compte, c'est que là, la vaisselle, elle n'a vraiment pas envie de se la taper.

Tout ça paraît plutôt prosaïque et ressemble d'assez près à une scène qu'on a tous pu vivre un jour ou l'autre. Mais c'est le moment de faire un break, et de la sous-titrer. Pour montrer que ces différences de réaction, d'une banalité à pleurer, sont réellement liées à nos configurations cérébrales spécifiques.

Si la femme exagère, ce n'est pas pour faire son intéressante, c'est parce qu'elle dispose d'une facilité de langage qui la conduit naturellement à en rajouter. Compte tenu de tous ses « tiroirs » mentaux ouverts en même temps, parler lui sert à partager une émotion, un ressenti.

Si l'homme, lui, discute l'expression, ce n'est pas pour faire son maître d'école, c'est parce qu'il a une difficulté de langage qui le pousse à la précision, et que rien ne l'agresse plus qu'un mot mal employé, ou employé par défaut ou par excès. Et que, compte tenu de ses « tiroirs » mentaux ouverts un par un, l'un après l'autre, parler lui sert à transmettre une information, un fait.

LA FEMME PENSE QUE TOUT COMMENCE UNE FOIS QU'ELLE A DIT OUI.

Pour une femme, le vrai problème, c'est que tout commence au moment où elle accepte la vie commune. C'est à partir de là qu'elle attend chaque jour de vérifier qu'elle a fait le bon choix. À ses yeux, c'est à l'homme d'entretenir la relation qu'il a sollicitée. Sinon, à quoi ça rime ? À rien, d'accord, mais c'est pourtant de cette façon que l'homme, lui, envisage la chose. Avant qu'elle ne se décide, l'homme fait tous les efforts nécessaires. Un vrai appartement témoin. Il lui dit qu'il l'aime, il l'appelle dix fois par jour, sature sa messagerie, se montre jaloux, possessif. Amoureux, quoi. Mais après, à quoi ça sert ? Puisque, de toute façon, elle est là tous les jours, tous les soirs et toutes les nuits. Et puis, si elle veut une preuve qu'il tient à elle, elle en a une, et de taille. Lui aussi est là. Tous les jours, tous les soirs et toutes les nuits.

La femme cherche les compliments. Mais ne l'avouera jamais.

Avez-vous observé le visage d'une femme au moment où, en lissant les plis de sa nouvelle jupe du plat de la main, elle demande à son homme : « Je suis comment ? » Croyez-vous réellement que ce qu'elle attend, c'est un avis objectif ? Alors comment voulez-vous qu'elle réagisse, elle qui utilise le langage pour faire passer des émotions, quand il répond, lui qui s'en sert pour catapulter une information : « Elle penche devant. » Qu'est-ce que ça lui coûterait de lui dire qu'elle est merveilleuse ? Rien. Qu'est-ce qui le retient de jouer le jeu ? Pas grand-chose.

Peut-être qu'on le lui souffle. Qu'on le fasse passer en coulisse pour lui montrer comment fonctionnent à l'intérieur les machineries. C'est fait.

À vous, à présent, de prendre vos responsabilités.

L'homme choisit une femme pour sa capacité à l'admirer.

Parce qu'un homme vit avec la certitude qu'il est jugé sur ses résultats, il a besoin qu'on lui fasse confiance. Qu'on ait confiance en lui pour réparer ce qui est cassé, pour soulager ce qui fait mal, pour annuler ce qui fait obstacle. Plus on lui fait confiance, et plus il se surpasse. Un homme qui se sent porté par la confiance d'une femme peut surprendre tout le monde, y compris lui-même. Souvenez-vous des tournois du Moyen Âge, et de ces chevaliers croulant sous trois tonnes de ferraille venant humblement chercher leur petit bout d'étoffe colorée auprès de leurs dames, histoire de se donner le courage de se battre et la force de vaincre. Eh bien les hommes sont comme ça. Ils ont besoin d'une dame à épater. Si la femme regarde ailleurs, ou se met à douter, pas de doute, ils foirent.

Dans l'*Apollon de Bellac*, un personnage de Giraudoux recommandait à une toute jeune fille de toujours faire des compliments aux hommes qu'elle rencontrait. C'était le meilleur moyen d'obtenir d'eux tout ce qu'elle désirait. Mieux, expliquait-il à peu près, dites-leur qu'ils sont beaux. Même s'ils sont laids ? interrogeait-elle naïvement. Surtout s'ils sont laids, répondait-il, car voilà un compliment qu'ils auront peu entendu et qui les touchera d'autant plus.

C'était du théâtre. Mais c'était aussi de la psychologie, et pas la plus idiote. Car un homme, en effet, marche au compliment, qui est l'expression la plus immédiate de la confiance.

Plus on croit en un homme, et plus on le lui dit, plus il croit en lui-même, et plus il devient admirable. Et ça tombe bien. Car un homme a un incroyable besoin d'être admiré. Être admiré par les autres – son équipe de foot, ses collègues de bureau, mais surtout sa femme –, c'est le signe indiscutable qu'il est bon, qu'il gagne des compétitions, qu'il remporte des succès. C'est, grâce à cela, se construire une meilleure image de lui-même. C'est la regarder avec plaisir. – Avec complaisance ? Et alors ? – Et faire tout ce qu'il faut pour en être digne.

L'HOMME EST TÉTANISÉ PAR LA CRITIQUE.

Par contre, si vous voulez le détruire, détruire ses efforts, sa bonne volonté, son envie de bien faire, et de faire des heureux, il y a un truc tout simple : critiquez-le. Une toute petite critique. Rien de terrible. Même pas une critique : une allusion. « Tiens, tu as mis cette chemise ? », « Tu n'as tout de même pas choisi ce plat... », et même, si on y met le bon ton, juste ce qu'il faut de méprisant : « Aller au ski, cette année, tu crois... » Car un homme, on l'a dit et redit, ne supporte pas d'avoir tort. Déjà qu'il ne supporte pas d'avoir besoin d'aide, alors avoir tort, vous imaginez ! Avoir tort, c'est s'être trompé, c'est ne pas avoir fait ce qu'il fallait, ne pas avoir rempli sa mission. Ne pas avoir rapporté ce qu'il fallait à manger. Bref, c'est démériter. Et si vous souhaitez saper un homme à la base, un seul conseil, distillez une petite critique, pas trop méchante, matin, midi et soir, pendant quelques mois, en augmentant légèrement les doses après quelques années de vie commune. Et nous pouvons vous assurer que vous serez en mesure de transformer n'importe quel prince charmant de bonne tenue en un être détestable, égoïste, indifférent, négligent et négligé.

L'homme fait le complexe du mauvais élève.

Une astuce supplémentaire : s'il y a un truc qui vous exaspère vraiment, n'hésitez pas à y revenir souvent. Il y a fort à parier que par simple esprit de contradiction, et parce qu'un homme ne supporte ni d'être critiqué, ni d'avoir tort, c'est justement ce qu'il refera le plus souvent. Ce qui vous donnera l'occasion, et c'est tout bénéfice, de lui en faire un peu plus souvent le reproche, histoire de bien plomber la relation.

Prenez un homme qui une fois par hasard, en fumant dans sa baignoire, a laissé tomber une cendre de cigarette dans l'eau où il marinait. Vous pincez du nez et dites : « De la cendre dans ton bain, ce n'est pas très ragoûtant. » Eh bien on peut parier que si l'opération a été bien menée, la semaine d'après, il va recommencer. Et on peut même ajouter à 99 % de probabilités qu'il ne lui faudra pas un an pour faire de cet incident, dû au départ au seul hasard, l'une de ses occupations préférées.

C'est ce qu'on pourrait appeler le complexe du mauvais élève. Il suffit qu'un enfant entende deux ou trois fois de suite sa maîtresse dire à ses parents qu'il n'est vraiment pas doué pour que, même si des tests lui attribuent 250 de QI, il se mette à échouer dans tout ce qu'il entreprend scolairement. Un peu comme s'il se conformait à l'image qu'on a tracée de lui.

Un homme, c'est pareil. Dites-lui qu'il est intelligent et beau, il le devient. Dites-lui qu'il est con et moche, il le reste.

L'homme est stimulé par les compliments.

Bon, maintenant, si l'homme qu'on a entre les mains n'est pas parfait, qu'est-ce qu'on fait ? On fait avec ? Pas forcément. On peut quand même essayer de l'améliorer. Mais en masquant ses intentions.

Un homme, on l'a dit, aime bien faire pareil. Et pire encore quand il est concerné au premier degré. Selon lui, on ne change que ce qui est cassé. Lui, il n'est pas cassé, alors pourquoi chercherait-il à changer ? Une femme, elle, on l'a dit aussi, en toutes circonstances, cherche à faire mieux. Rien d'étonnant à ce que son envie de tout améliorer s'applique en priorité à celui qui partage sa vie. Tant qu'elle s'en tient à ses chemises, ses chaussures, et jusqu'à sa coiffure, il se laisse faire et même coopère avec une dose satisfaisante de bonne volonté. Mais dès qu'il s'agit de son caractère, il freine des quatre fers. Il rue. Il renâcle. Se braque, et se bloque.

Pour la femme, il s'agit alors d'être rouée. Et d'apprendre à donner acte au plus petit effort qu'il sera en mesure de manifester. Quitte à en rajouter.

Ils ont des invités. Il a mis la table, alors qu'elle s'est chargée du ménage, des courses et du repas. Même si elle crève d'envie d'attirer son attention sur l'inégalité des tâches accomplies, même si elle ne peut s'empêcher, en elle-même, de faire la comparaison, et d'en tirer une certaine aigreur, il faut qu'elle le remercie. Pour ces dix assiettes et ces dix verres posés sur la table ? Vous oubliez les couverts et les serviettes, mais la réponse est oui. L'homme, pour progresser, a besoin d'être encouragé. Ce petit compliment hypocrite que vous allez lui trousser aujourd'hui vous vaudra peut-être la prochaine fois un petit coup d'aspirateur en plus, et même, qui sait, peut-être, des pommes de terres épluchées la fois d'après. Alors que si vous vous laissez aller au reproche, même le couvert, la prochaine fois, vous pourrez carrément vous asseoir dessus. Sur des assiettes, des verres, des couteaux et des fourchettes, vous voyez l'ampleur du désastre.

L'HOMME S'AMÉLIORE SOUS L'EFFET DES REPROCHES. QU'ON NE LUI FAIT PAS.

L'autre truc infaillible, pour aider un homme à s'améliorer, c'est de retenir toutes les critiques qui viennent à l'esprit avant qu'elles n'aient eu le temps de franchir les lèvres. Un homme est incroyablement reconnaissant à sa femme si elle lui épargne le reproche qu'il sait mériter. Si, alors qu'il a oublié de rapporter le pain – et ça fait trois fois cette semaine qu'il oublie de rapporter ce qu'on lui avait demandé, ce qui, compte tenu de son tempérament de chasseur est plutôt mauvais signe, et dénoterait assez une descente en roue libre sur la pente du « complexe du mauvais élève » –, elle lui dit d'un ton compréhensif : « Écoute, ce n'est vraiment pas grave, on en a plein au congélo ! », les efforts qu'il va développer la prochaine fois pour ne pas oublier sont proprement inimaginables. Plus il se sait apprécié, plus il fait des efforts. Ça semble contradictoire, mais c'est comme ça. C'est bizarre, un homme, non ?

Ce que je sais du sexe opposé.

« Quand une petite fille de trois ou quatre ans entre dans mon bureau avec sa maman en panne de baby-sitter, elle reste assise sur une chaise, concentrée sur un livre ou un jeu et, si elle bouge, elle se déplace prudemment dans un périmètre limité, en posant des questions. Un petit garçon, lui, saute immédiatement de sa chaise, glisse sous le bureau, monte plusieurs fois sur la balance, ouvre les placards, tourne autour des chaises. En quelques instants, sans dire un mot, il a exploré tout l'univers de mon bureau.

Plus tard, lors d'une échographie, la future maman s'émeut sans se lasser devant les gestes et les battements de cœur du bébé. Le futur père, une fois la première émotion dissipée, est fasciné par le fonctionnement de l'appareil.

En consultation, l'homme expose en une ou deux phrases courtes et directes le motif de sa visite et résume brièvement les faits. Le vocabulaire est précis. Sur son visage, on lit peu d'émotion, mais on la devine réelle. À l'inverse, avant de donner la raison de sa visite, la femme raconte. Elle raconte à partir d'un événement clé, qui remonte parfois à plus de dix ans, non seulement les faits, mais aussi, surtout, ses émotions, et son visage exprime toute une palette d'expressions, y compris les pleurs. Il m'arrive parfois au bout de dix minutes de ne pas encore savoir le motif de sa visite. »

Anne de Kervasdoué, gynécologue, attachée à la maternité de l'hôpital Saint-Vincent de Paul

Extrait de la *Revue des deux mondes* cité par *Psychologies*

Septembre 2000.

À propos de sexe, la femme a des fantasmes, l'homme a des désirs.

Nous voilà arrivés au sujet le plus sensible, le plus compliqué et le plus polémique quand on parle des différences entre hommes et femmes : le sexe.

Et il faut admettre que la révolution féministe des années 70 n'a pas beaucoup aidé à dissiper les quiproquos. Au contraire.

Un jour, la femme s'est libérée...

Au départ, il était clairement question de libérer la femme. C'est-à-dire de lui permettre d'occuper une autre place dans la société, de quitter la maison si elle le souhaitait, de travailler, de s'épanouir en tant qu'individu et non plus exclusivement en tant que mère ou épouse. Bref, de vivre enfin pour elle-même, en suivant ses propres désirs, en écoutant ses propres besoins, et non plus en se soumettant à des règles jusque-là édictées en majorité par les hommes.

Cette « libération féminine » a logiquement coïncidé avec la « libération sexuelle ». Puisqu'il s'agissait pour les femmes de vivre comme elles l'entendaient, il devenait urgent de leur donner le choix de faire ou pas des bébés – et voilà pour la pilule – et de faire ou pas l'amour – « Mon corps est à moi ». Pour les bébés, tout le monde a bien compris que c'était l'alternative qui leur était proposée. Pour le sexe, non. Soudain, il devenait normal de considérer que les femmes, tout comme les hommes, avaient envie de faire l'amour matin, midi et soir, et même entre si les circonstances le permettaient. Il n'est pas impossible que l'expression « égalité des sexes » ait largement contribué à l'inévitable confusion qui s'en est suivie. Mais ce qui est sûr, c'est que depuis, on vit dans un tas de non-dits, de faux-semblants et de malentendus qui ne sont faciles à gérer ni par les hommes, ni par les femmes. Comment et pourquoi en sommes-nous arrivés là ?

… Et l'homme a pensé en profiter.

Revenons aux années 70 – ça nous changera de la grotte. Libération sexuelle, se sont dit les hommes, égalités des sexes, ont-il entendu ! Youpi. Jusque-là, il était plutôt question de « devoir conjugal », alors tu parles d'un progrès. Voilà qu'elles se mettaient à en parler, du sexe, les femmes ! À reconnaître qu'elles en avaient, du désir. Il ne fallait pas une si grande dose de mauvaise foi pour conclure « qu'elles aimaient ça », regard libidineux à l'appui, et pour considérer que, maintenant que la morale ne les retenait plus, elles allaient enfin pouvoir se révéler, comme eux, de vraies bêtes de sexe. Un genre de paradis en perpective.

Parallèlement, un nombre important de femmes, qui n'ont pas pu du jour au lendemain s'affranchir de leur position de soumission, se sont juste appliquées docilement à respecter les nouvelles règles du jeu, et ont fait tout ce qu'il fallait pour conforter les hommes dans cette idée. Avant les années 70, il y avait les épouses et les autres, également appelées femmes objets. Après les années 70, les femmes objets ont été classées comme espèce en voie de disparition, avec quelques rares spécimens préservés, pour servir de repoussoir aux générations montantes. Tandis que les épouses se sont entraînées à se comporter ponctuellement comme des femmes objets, en bannissant le terme, mais en en adoptant les attitudes et la panoplie – le côté : « Devenez la maîtresse de votre mari. » Tout en continuant à se taper les fonctions de mère et d'épouse. Ajoutez à cela qu'elles se sont mises au même moment à travailler, et côté libération, faites vous-même l'addition.

La femme exagère. Même à propos de son désir.

Tout cela ne veut pas dire que les femmes mentent sur leur désir, ou font semblant d'aimer faire l'amour, mais que quoi qu'on fasse, les hormones sont là, et que s'il y a un domaine où hommes et femmes sont vraiment différents – et franchement pas égaux –, c'est bien le sexe. Avec un taux de testostérone en moyenne quinze fois supérieur à celui de la femme, avant qu'un homme ne trouve une femme capable de le suivre avec entrain et enthousiasme sur le terrain de toutes ses envies, il va falloir qu'il s'accroche. Pour tomber sur l'exception qui confirme la règle, c'est-à-dire une femme sur dix environ, qui dispose d'un taux de testostérone comparable au sien. Un détail : le plus souvent, cette femme-là est lesbienne. Mais on peut s'arranger.

Puisque nous y sommes, affrontons l'indispensable petit cours de médecine : le siège cérébral du sexe se situe dans l'hypothalamus, une sorte de pois chiche de même pas cinq grammes. Commençons par préciser que, même avec sa taille dérisoire, il est plus gros chez l'homme que chez la femme. Continuons en expliquant que c'est là que les hormones, essentiellement la testostérone – dix à vingt fois plus chez l'homme –, se donnent rendez-vous pour provoquer ce qu'on appelle le désir sexuel. Et concluons en posant que la femme aura beau faire, elle ne pourra jamais avoir autant envie de faire l'amour que l'homme, qui lui en a envie... tout le temps. Non. Pas tout le temps, c'est encore une exagération : une étude a montré que quatre hommes sur dix y pensent en moyenne toutes les 30 minutes. Ce qui n'empêchera pas les six autres, si l'occasion se présente, de sauter dessus.

Il faut également savoir que la testostérone survient en plusieurs vagues quotidiennes chez l'homme, avec un pic notable le matin – ça vous rappelle quelque chose ?

Enfin, par pure méchanceté, il peut être utile de signaler qu'une étude américaine a montré qu'il y a, chez l'homme, un lien entre intelligence et désir sexuel. Plus le niveau intellectuel est élevé, plus le désir est faible.

Voilà qui devrait faire plaisir à Woody Allen, qui ne fait pas trop mystère de son grand appétit sexuel, au moins si on en croit les rôles qu'il se donne dans ses films.

En passant, une scène de *Annie Hall* illustre si parfaitement le décalage de désir entre l'homme et la femme qu'elle pourrait se suffire à elle-même : l'écran est séparé en deux ; à gauche, Diane Keaton chez son psy : « On fait l'amour tout le temps, c'est horrible, au moins deux ou trois fois par semaine. »

À droite, Woody Allen, chez le sien : « On ne fait jamais l'amour, c'est terrible, à peine deux ou trois fois par semaine. »

L'HOMME CROIT LES SONDAGES. MÊME S'ILS EXAGÈRENT.

Alors qu'en est-il en réalité du désir de la femme ? Impossible de le dire avec certitude. Voilà vraiment un domaine ultra-privé qui a bien sûr été exploré, mais où les informations obtenues sont peut-être un peu trop convenues. Les grandes enquêtes américaines, qui font foi en ce domaine, ont été conduites en se servant de réponses à des questionnaires. Même s'ils sont anonymes, comment être sûr de leur sincérité et de leur honnêteté ?

Les sondages plus basiques méritent à cette occasion d'être mentionnés. Le plus souvent, ils tentent d'établir la fréquence des rapports sexuels, ce qui constitue déjà un début d'information, même si une femme peut très bien accepter un rapport sans en avoir elle-même vraiment envie. L'un dans l'autre, plusieurs pays confondus, on obtient environ 3 à 4 rapports sexuels par semaine pour les plus jeunes, 2 à 3 pour les gens entre deux âges, et 1 à 2 au-delà. L'imprécision de ces chiffres est volontaire : en compilant plusieurs sondages, qui concernaient à la fois des couples et des individus, et qui constituent eux-mêmes des moyennes, il serait malhonnête de se montrer plus tranché.

À partir de là, il convient de revenir sur deux ou trois détails importants.

Avant tout, ces sondages sont bien embêtants. Les femmes parlent, on le sait. Elles adorent bavarder, et se raconter, on l'a dit. Elles ne sont pas gênées, elles, de discuter de tout, même du plus intime. Eh bien quand on pose la question à des femmes, s'il ne s'agit pas pour elles de figurer dans une statistique et qu'elles ne craignent donc pas, par leur réponse, de perturber les résultats, elles le disent tout net : pas une seule ne vit à ce rythme. Par voie de conséquence, les hommes qui vivent avec elles non plus. Alors comment obtient-on ces chiffres ?

Pourtant, ces sondages, pas un homme n'a pu complètement y échapper. Et pas un homme n'a pu s'empêcher d'en déduire que tous les hommes qui l'entouraient étaient mieux lotis que lui. Quant aux femmes qui les ont eus en main, aucun doute non plus qu'elles en aient tiré une certaine culpabilité. Et si, comme leur mari le leur serinait, elles n'étaient définitivement pas normales ?

LE DÉSIR DE LA FEMME EST FLUCTUANT.

Ensuite, alors que le désir de l'homme est constant, celui de la femme, comme tout ce qui la concerne, est incroyablement fluctuant.

Fluctuant en fonction de l'âge pour commencer : alors que la libido masculine culmine à 18-20 ans, la libido féminine connaît son pic vers 35 ans – justement au moment où il ne lui reste plus que quelques années pour procréer et où la nature tente une dernière fois de la piéger. C'est d'ailleurs le seul moment où statistiquement le désir féminin est plus fort que celui de l'homme. Ou, pour être plus exact, que la demande dépasse l'offre. Car ce n'est pas le désir de l'homme qui commence à stagner à cette période-là, mais plutôt ses capacités érectiles. C'est le seul moment aussi où on peut entendre un homme employer des expressions de « femme objet » : « Mais pour qui me prend-on ? Croit-on qu'on peut me prendre et me jeter, comme un kleenex ? N'y a-t-il que le sexe dans la vie ? » Non, il y a aussi le shopping, répondent alors en chœur les femmes, qui ne manquent pas une occasion de miner le moral de leurs hommes.

Le désir de la femme est également fluctuant en fonction des circonstances.

Au début d'une relation, pendant les premiers mois, la femme peut très bien être en état de désir permanent, le dire et le montrer. C'est d'ailleurs souvent sur cette période que les hommes fondent leur appréciation d'une fréquence acceptable, ce qui est une erreur très dommageable. Mentionnons au passage que pendant cette période, la nature souhaite tellement que le couple se stabilise assez pour qu'un bébé puisse venir le consacrer, qu'elle les maintient sous perfusion permanente d'hormone. Aussitôt le couple constitué, elle les lâche sournoisement. La femme, boostée pendant quelque temps, revient alors à des taux plus normaux, et à son désir plus faible. Tandis que l'homme, lui, qui a encore quelques réserves naturelles de testostérone, commence à sentir le décalage et à en souffrir.

À certaines périodes de l'année – les vacances, le sable chaud, les cocotiers, l'oisiveté – ou dans certaines situations particulièrement favorables – son mari est extraordinairement beau ce jour-là, ou vient d'accomplir une action d'éclat –, elle peut parfaitement se sentir très encline. De même, après une longue période d'abstinence, elle peut très bien avoir envie de sauter sur n'importe qui. Tout comme un homme ? Oui, à part qu'il s'agit de s'entendre sur la durée d'une longue période d'abstinence. Pour un homme, ça doit se chiffrer en heures, peut-être en jours, au pire en semaines, pour une femme, ça doit plutôt se calculer en mois ou même en années.

Le désir de la femme est fragile.

Mais à l'inverse, il suffit qu'elle ait passé une mauvaise journée, s'inquiète pour son petit dernier, se soit viandée avec la caissière du supermarché, pour que le désir joue les abonnés absents. Alors que pour un homme, faire l'amour est la meilleure thérapie possible, qui le distrait de ses soucis, dissipe le stress, dissout les tensions. Et l'aide même à trouver le sommeil.

Encore fluctuant, le désir de la femme, en fonction de paramètres inqualifiables, difficiles à saisir par un homme. En fait, une femme se lancera plus volontiers dans l'acte de chair si elle a d'elle-même une bonne image. Si elle se trouve belle, lisse, nette et sexy, elle se sent prête. Par contre, si elle se trouve grosse ou moche, elle renâcle. Dans le film *Alice* de Woody Allen, Mia Farrow, mariée à William Hurt, au moment de céder à Joe Montegna qui la courtise assidûment, ne prononce pas une phrase de regret, de scrupule, ou ne se laisse aller à aucune déclaration d'amour ou de désir passionné. Non, au moment où il la bascule sur le lit, elle dit : « Vous savez, la semaine prochaine, je devais démarrer un régime. »

Combien d'hommes ont dû rester pantois face à une femme qui, alors qu'elle leur avait donné tous les signes avant-coureurs d'un consentement probable, s'était finalement refusée. Et dans quels tourments, dans quelles interrogations ont-ils été plongés ? Alors qu'en réalité il y a fort à parier que le vrai dilemme qui se posait à elle n'avait à voir ni avec la morale, ni avec la culpabilité, ni avec l'intérêt réel qu'elle portait à cet homme tout juste rencontré. Non, son vrai problème est qu'elle venait de réaliser qu'elle ne s'était pas épilée. C'est dire la force irrépressible de son désir.

Enfin, le désir féminin, contrairement à celui de l'homme, est ciblé. Sur une personne en particulier. Il y a assez peu de femmes qu'on peut entendre déclarer le matin en bâillant et en s'étirant : « Tiens, je m'en ferais bien un petit, moi, aujourd'hui. » De la même façon, si une femme, dans une journée, ressent quelques petits frissons, avec un collègue, un serveur ou un voisin de transport en commun, il y a fort à parier que le soir, elle se montrera plus distante avec celui qui partage sa vie. Chaque émotion ressentie pour un autre l'a légèrement détournée de lui. Alors qu'un homme, au contraire, défoulera sur celle qu'il retrouve le soir toutes les stimulations qu'il a eues dans la journée et qu'il n'aura pas satisfaites.

Le désir de l'homme n'est pas satisfait.

Comment s'étonner après cela que le sexe soit désespérément l'une des causes majeures de dispute entre homme et femme ? Et une fois de plus, si on va plus loin dans l'observation, on se rend compte que le vrai problème ne vient pas à proprement parler des différences de besoins et de désirs, qu'avec un tout petit peu de bonne volonté, on pourrait parfaitement régler, mais de l'idée qu'on s'en fait, des préjugés qu'on en a, et de l'image qui en est généralement donnée. Pour être plus prosaïque, tant que les hommes se raconteront que les femmes ont les mêmes besoins et les même désirs qu'eux, ils ont assez peu de chance de les satisfaire. Tant que les hommes penseront, entre rage et résignation, que la seule femme qui n'ait jamais envie de faire l'amour, pas de chance, c'est la leur, ils vont avoir du mal à se motiver pour la motiver. Et tant que les sondages s'acharneront à publier des résultats fondés sur des réponses approximatives, si ce n'est mensongères, toutes les femmes continueront à passer à leurs propres yeux, comme à ceux de leur mari, pour d'insupportables frigides. Et finiront, par dépit, par ne plus faire le moindre effort pour lutter contre leur réputation.

Là, il est temps de revenir à la grotte. Car c'est peut-être dans l'intimité de cette cavité que se trouve la solution. En tout cas, un début d'explication.

AVANT, L'HOMME ÉTAIT UN DISTRIBUTEUR.

Il y a bien longtemps, la question n'était pas de savoir si, pour aller en boîte, on allait mettre son petit top décolleté avec sa jupe moulante pailletée, histoire de faire plus salope, ou si, pour emballer, on allait ou pas se raser, histoire de faire plus viril, mais d'assurer la survie de l'espèce. Alors, pomponnés ou pas, hirsutes ou pas, désirables ou pas, nos ancêtres accomplissaient la mission pour laquelle ils avaient été configurés : ils s'accouplaient. Côté homme, ça se traduisait par la possibilité quasi permanente, pour les spécimens jeunes et en bonne santé, de distribuer leur semence. On a bien dit distribuer. Et on va même ajouter : la distribuer équitablement. Pour cela, ils étaient équipés d'une capacité d'érection remarquable. L'homme était conditionné à réagir aux plus faibles stimulations. La vue de courbes féminines pouvait suffire. Pour aider, il avait été prévu un taux de testostérone très élevé. Et d'ailleurs, ça aidait. Un détail amusant ? Quand un homme avait honoré plusieurs fois de suite – jusqu'à cinq, disons – la même femme, la fois d'après, il déclarait forfait. Avec elle. Mais si une autre se pointait, voilà qu'il retrouvait ses moyens.

Avant, la femme était partageuse.

On n'est pas des bêtes, mais figurez-vous que c'est exactement le même phénomène qu'on observe aujourd'hui avec les taureaux ou les béliers : après une petite demi-douzaine de saillies avec la même vache – ou la même brebis –, l'animal joue les blasés et se désintéresse de la situation. Imaginez qu'on agite une nouvelle candidate, et voilà qu'il refait le beau. Et remet ça. Le coq détient même une sorte de record – et l'expression « c'est un vrai coq de basse-cour » prend alors tout son sens, toute sa puissance – : il a été homologué à une soixantaine d'accouplements. Par jour. Eh bien il ne dépasse jamais la série de cinq avec la même ! Dans la même journée. Le lendemain, il ne dit pas. Il réserve sa réponse. Mais dans la même journée, cinq avec la même, c'est son maximum, n'insistez pas. Donc, quand on parlait de distribution, vous voyez qu'on n'exagérait pas. Il ne fallait pas exhiber un ticket, mais ce n'était pas loin. Pourquoi ? Parce que les hommes, qui étaient aussi nombreux que les femmes au départ, prenaient plus de risques à la chasse, qui faisait des blessés, et même des morts. Alors ceux qui restaient, il fallait les utiliser au maximum. Et pas question de jouer perso. On partageait. Et si la nature bloquait un homme dans ses assauts après cinq ou six rapports aboutis, c'était tout simplement pour multiplier les chances de procréation en multipliant le nombre des fécondées. Pas franchement romantique, hein ? Oui, mais là, c'est de nos grands-parents qu'on parle. Pas de souris de laboratoire. Alors il va falloir s'entraîner à revisiter nos préjugés.

L'homme devait toujours mener son affaire à bien.

Voilà pour la mécanique pure. Passons au contexte. Parce que la vie n'était pas facile tous les jours, et qu'on ne pouvait pas se retirer pépère dans sa grotte en verrouillant le loquet, l'homme était également étudié pour pouvoir mener la chose à bien même dans des circonstances pas évidentes : quand il était lancé, ce n'était ni un ennemi qui déboulait, ni une bête sauvage qui menaçait, ni même une plante carnivore qui lui bouffait le jarret, qui pouvait l'arrêter. Quand il était sur un coup, il allait jusqu'au bout. Il faut dire qu'il était très aidé en cela par la compartimentation de son cerveau qui lui permettait de se concentrer sur sa tâche sans se laisser distraire. Remarquez au passage à quel point la nature fait bien les choses. Dernier détail, compte tenu de toutes les circonstances évoquées jusqu'ici, le temps nécessaire pour boucler l'affaire, tout compris, avait été fixé au minimum, au pire deux-trois minutes, histoire de ne pas rendre l'aventure trop sportive ou trop risquée.

La femme devait autant que possible mener sa couvade à son terme.

Et la femme dans tout ça ? On pourrait presque dire qu'on change de film. Avec son tout petit hypothalamus et son minuscule taux de testostérone, du côté du désir sexuel, ça confinait quasiment à la pénurie.

Mais pourquoi ? Mais pourquoi, hurlent les hommes, au comble de la frustration. Pourquoi ne leur a-t-on pas donné à elles aussi des appétits sexuels illimités, des envies de faire l'amour debout, assis, dehors, dedans, en haut, en bas, de telle sorte que nous vivions ensemble heureux et comblés ?

Parce que le but du jeu, rappelons-le, est de sauvegarder l'espèce. Pas de se faire plaisir...

Une fois que la femme est fécondée, il s'agit d'être prudent. Et de la laisser couver en paix. On l'a déjà expliqué un peu avant : au moment de son ovulation, la femme connaît un pic soudain de testostérone, qui active en elle un réel désir sexuel, au point qu'elle peut alors se trouver dans la même situation que certains hommes qui se réveillent un matin dans un lit inconnu en se demandant ce qui a bien pu les y conduire. Quand la survie de l'espèce l'exige, pour la femme aussi, le désir sexuel est là et bien là, implacable. Mais le reste du temps, à quoi bon, s'est demandé la nature ? À rien, elle s'est répondu. Et voilà le résultat.

L'HOMME ET LA FEMME ONT BIEN CHANGÉ. ET MÊME ÉVOLUÉ.

Bon. Maintenant, on va quitter la grotte et réintégrer nos F2. D'accord, nous sommes les héritiers de ces gens bizarres qui n'étaient programmés que pour faire des bébés et, au passage, nous permettre d'être là, nous tous, aujourd'hui, autant que nous sommes. Mais entre-temps, il s'en est passé, des choses. On a beaucoup changé, beaucoup évolué. On s'est affiné, cultivé, policé. Un homme ne saute plus sur tout ce qui bouge sous prétexte qu'il s'agit de sauvegarder l'espèce – cela dit, il y en a que ça arrangerait drôlement de pouvoir débiter ce prétexte. Maintenant, on ne se contente plus de procréer. On se plaît, on se séduit, on se sourit, on se serre l'un contre l'autre, on se presse la main, on a le cœur qui bat, on s'embrasse, on se caresse, et on finit par s'accoupler. Le plus souvent, même pas avec l'idée de faire un bébé, alors c'est quand même une preuve ! Oui, la preuve que nous ne savons pas toujours dans quel but réel nous agissons. Car si tomber amoureux est évidemment la conséquence d'une merveilleuse alchimie, c'est aussi le résultat d'une inévitable chimie.

MAIS L'HOMME ET LA FEMME SONT TOUJOURS SOUS INFLUENCE.

Au moment où l'on « tombe amoureux », nous ne sommes qu'une réaction chimique en chaîne, destinée à nous faire nous sentir bien. Dans quel but ? Continuer. Recommencer. Et finir, peut-être, par faire des bébés...

Au moment du premier baiser, en tout cas, le cerveau se livre à une analyse rapide de la salive du partenaire, pour établir un diagnostic instantané sur la compatibilité génétique. Avec, pour la femme, un petit examen supplémentaire destiné à valider le système immunitaire de l'homme. Par ailleurs, l'émotion que l'on ressent à ce moment déclenche la sécrétion d'une substance de la famille des amphétamines, qui dope l'organisme – à noter qu'on la trouve également dans le chocolat, pour ceux qui n'envisagent pas d'être amoureux dans l'immédiat. Cette substance accélère le rythme du cœur, provoque une impression de moiteur, et, plus étrange, calme la faim en nouant l'estomac – moyennant quoi les plus accros aux régimes qui cherchent à maigrir pour rencontrer l'amour feraient bien de se raconter le film à l'envers. Cette substance est bientôt accompagnée par une montée d'adrénaline, qui suscite une sensation de force et d'énergie. Et par une diffusion d'endorphine, qui procure un sentiment de bien-être, tout en contribuant efficacement aux défenses immunitaires. Bilan – quasiment de santé – : quand on est amoureux, on est aussi plutôt en forme. Quand on sait qu'en plus on est aussi plus beau...

ET LE SEXE DANS TOUT ÇA ?

À présent que le décor a bien été planté – la procréation est le but primordial de la copulation, nous ne sommes que les rouages d'un système qui nous dépasse, et le désir sexuel féminin est hormonalement fixé à un niveau plus modeste que celui de l'homme –, il est temps de distribuer les rôles aux personnages.

Et le sexe dans tout ça ? Nous y voilà.

Commençons, c'est bien normal, par les préliminaires. De tout temps, l'homme a été stimulé par la vue des courbes féminines. Il a même été configuré pour ça, afin de s'assurer en toute circonstance de sa pleine contribution. Pas étonnant dans ces conditions qu'il aime faire l'amour la lumière allumée – 8 hommes sur 10, contre 4 femmes sur 10 en moyenne.

La femme, elle, est une polysensorielle. Tous ses sens sont en éveil. En mettre un hors service, c'est mieux profiter de tous les autres. Et si elle ferme les yeux ou si elle demande d'éteindre, ce n'est pas forcément par pudeur.

Les caresses ? La femme, on l'a dit, est équipée de nombreux capteurs harmonieusement répartis sur tout le corps. Ce qu'elle aime, c'est qu'on la caresse partout. L'homme, de son côté, que de longs siècles de chasse tout nu en forêt ont fini par insensibiliser, montre une nette prédilection pour des caresses plus spécialisées. Il y a clairement moins de salons de massages avec « petit supplément » pour femmes que pour hommes.

Parce qu'une femme, au fond, l'orgasme, elle peut très bien s'en passer. Seulement l'homme juge les autres et se juge lui-même sur les résultats. Alors non seulement il faut qu'il y arrive, mais il faut que l'autre y arrive aussi.

Et on s'étonne après ça que tant de femmes, fatiguées après minuit passé (l'homme ignore sa fatigue, il n'a pensé qu'à ça toute la journée), qui se repassent en boucle leur journée du lendemain (l'homme est compartimenté, il ne fait qu'une seule chose à la fois), qui craignent à tout moment de voir débouler un enfant (l'homme est concentré, il faut qu'il mène son affaire à bien), au bout de dix à douze minutes d'acharnement finissent par simuler ?

POLYGAMIE ET MONOGAMIE SONT DANS UN BATEAU.

Polygamie et monogamie sont dans un bateau.

Évidemment, c'est polygamie qui tombe à l'eau. Mais quand, pourquoi et comment ?

À partir du moment où la première religion monothéiste a émergé, le judaïsme, il fallait obligatoirement à ses dirigeants un véhicule pour assurer la transmission des règles et des idées. D'où la nécessité d'organiser la tribu en petites entités bien consolidées, capables de se charger d'une bonne propagation de ce qu'on allait appeler « la tradition ». Cette entité, rassemblée autour du père et de la mère, c'était la famille. Chez les Juifs, la religion se transmet par la mère, pour la bonne raison qu'on sait avec certitude qui est la mère mais pas le père. Ce qui prouve qu'à l'époque de Moïse et des Tables de la Loi, la règle de la monogamie avait beau être édictée, elle n'était pas forcément respectée. Il faut y ajouter que la paix civile n'était pas assurée et que certains conflits pouvaient mener à des débordements sexuels, comme les viols, et qu'il valait mieux prendre toutes les garanties.

Le christianisme est venu enfoncer le clou. À cette préoccupation légitime de transmission s'est adjoint un penchant naturel pour la privation, la pénitence, le châtiment, bref, le refus du plaisir. La monogamie cadrait bien dans cette perpective. La procréation s'inscrivait clairement comme la seule justification de la copulation. Françoise Xénakis précisait d'ailleurs récemment sur France Inter que les premiers adeptes de la secte du Poisson, le nom du mouvement dirigé par Jésus – qui ne s'appelait pas encore Christ, à ce moment-là, puisque, même en tant que fils de Dieu, on ne lui avait pas communiqué son dossier avec la suite des événements –, ces premiers adeptes, donc, étaient des femmes. Des femmes qui paraît-il participaient financièrement très généreusement à l'avènement de ce mouvement. Mais surtout, disait Françoise Xénakis, des femmes « cocufiées », qui trouvaient dans cette secte un refuge et un réconfort.

C'est donc l'avènement de ce qu'on appelle la morale judéo-chrétienne qui a donné le coup d'envoi à une généralisation de la monogamie – un mâle accouplé à une seule femelle – dans un contexte en très grande majorité polygame – un mâle accouplé à plusieurs femelles.

Mais tout semble prouver que par nature, l'espèce humaine, tout comme d'autres espèces animales, est polygame.

Il faut savoir qu'il existe des espèces naturellement monogames. On les reconnaît à une grande conformité physique entre le mâle et la femelle, une force équivalente, et une responsabilité partagée sur la progéniture. Un exemple : le renard. Les espèces polygames, elles, se repèrent à un mâle plus grand, plus spectaculaire, et s'investissant moins dans les obligations parentales. Un exemple : le lion.

Mariage et fidélité sont à quel taux ?

Au départ, on aurait plutôt tendance à reconnaître l'espèce humaine dans cette seconde description. La monogamie semble donc correspondre à une véritable « évolution » de l'espèce, au même titre que le passage de la marche à quatre pattes à celle sur deux pieds. Simplement ces antécédents doivent attirer l'attention sur la distorsion que les hommes ont à vivre entre leurs aspirations archaïques et ce que les femmes attendent de leur comportement quotidien. « Face à la femme monogame, l'homme serait, par nature, polygame. Claude Lévi-Strauss suggère que la tendance universelle et naturelle de l'homme à la polygamie fait que l'on est toujours à court de femmes, et Symons de conclure que la demande l'emporte sur l'offre » assure Jean-Didier Vincent dans *Biologie des passions.*

Pour être complet, soulignons que si les hommes ont peut-être à souffrir de la monogamie, les femmes, elles, n'ont qu'à s'en réjouir. La femme, pour atteindre au bien-être, doit se sentir l'élue de son homme. Elle doit être choisie, pour se sentir spéciale. Elle doit être l'objet de toute son attention, de toutes ses attentions. La monogamie et le mariage sont pour elles d'agréables garanties. Un chiffre est amusant à citer ici : le taux d'orgasmes féminins est paraît-il – mais il s'agit toujours de déclarations... – jusqu'à cinq fois plus élevé dans un rapport sexuel avec un mari, et jusqu'à trois fois plus élevé dans un rapport avec un partenaire régulier. Est-ce seulement le résultat d'une bonne connaissance de ce qui plaît et qui plaît moins, liée à une relation durable, ou bien à quelque chose de l'ordre du sentiment de sécurité, de plénitude, qui découle du fait d'avoir un homme à soi, qui est là et va rester, histoire d'assumer les enfants s'il en arrivait ?... Et qui fait qu'une femme se laisse plus volontiers aller ?

Ce fait est à mettre en relation avec une observation : l'orgasme féminin n'est pas le privilège des humains. Des animaux en captivité présentent le même phénomène. Pour les femmes – et les femelles animales – la privation de liberté serait alors le prix à payer pour acheter la jouissance. Révoltant, non ?

En tout cas, le mariage leur sourit légèrement plus qu'aux hommes : une enquête menée récemment sur plus de 2000 étudiants montrait que 84 % des filles affirmaient que le mariage s'inscrivait naturellement dans leur avenir, contre 70 % des garçons.

Et pour finir, un petit tour par la fidélité, qui est officiellement le corollaire de la monogamie et du mariage. A priori, il semblerait que les maris soient plus concernés par la fidélité de leurs femmes que le contraire. Cette différence serait expliquée une fois de plus par leur mémoire archaïque : les hommes peuvent avoir un doute sur leur paternité et risquent de perdre le bénéfice de leur portée. Il est symétriquement intéressant de noter qu'une étude récemment menée auprès de femmes a établi que 44 % des moins de 30 ans déclarent qu'elles mettraient fin à leur relation en cas d'infidélité de leur partenaire. Elles ne sont plus que 32 % entre 30 et 40 ans, 28 % entre 40 et 50 ans, et 11 % après. L'apprentissage de la lucidité ?

ADULTÈRE ET HYPOCRISIE SONT CHEZ FEYDEAU.

Il faut avouer que là aussi les années 70 ont laissé des traces. Une nouvelle morale est née dans le couple à cette époque-là : la promesse de cesser toute relation au moindre affaiblissement des sentiments, associée à celle de tout se dire, de tout s'avouer, en cas d'infidélité. Comme si le fait de s'en parler pouvait d'une manière quelconque arranger les choses. C'est bien sûr le contraire qui s'est le plus souvent produit. Les couples « libres », qui étaient censés suivre leurs envies – bizarrement, c'est presque toujours les hommes qui marquaient le premier point, vite rattrapés par leur femme, qui comptaient bien se venger –, se sont rapidement désintégrés, parce que, qu'on le veuille ou non, pour bien supporter l'infidélité de l'autre, il n'y a qu'une bonne solution : ne pas l'aimer.

Avant, ce n'est pas qu'on ne faisait pas, mais on se gardait bien d'aller le raconter. Dans Feydeau, tous les ressorts du vaudeville reposent sur l'adultère. Qui devait quand même être monnaie courante dans le milieu « bourgeois » qui émergeait alors dans la société française. Une société hypocrite, d'accord, mais qui cherchait par tous les moyens à préserver la famille. Alors si ce moyen était de fermer les yeux sur les petites fantaisies de Monsieur...

Dans le film *30 secondes sur Tokyo*, une série B américaine des années 50, un homme, pris « sur le fait » par sa fille, se justifiait en lui assurant que tous les hommes étaient comme ça, que tous les hommes trompaient leur femme. Que tous les hommes faisaient semblant parce qu'ils ne pouvaient pas faire autrement, et que tous se taisaient au nom d'une solidarité tacite. Une sorte d'omerta masculine. Et si c'était vrai ? Et si la question n'était pas « faire ou ne pas faire », mais « dire ou ne pas dire » ?...

Érotisme et pornographie sont en vidéo.

En tout cas, officiellement, la règle est « ne pas faire ». Et la nécessité pour les hommes de se conformer à ce sacro-saint principe de monogamie donne lieu bien sûr à quelques jeux censés les distraire de leur obligation.

Le premier, ce sont les dessous chic. Ils n'ont pas seulement pour fonction de les exciter, d'ajouter une dose d'érotisme au quotidien, mais de faire passer la femme qui partage leur vie pour une autre, comme un déguisement. Ou une panoplie. Au passage, il faut souligner que l'homme est bien plus bête que le bélier : essayez de mettre un sac sur la tronche de la brebis qu'il vient d'honorer plusieurs fois de suite, imprégnez-la d'un parfum différent, il ne se laisse pas prendre, il la reconnaît et reste de marbre. On a au moins cette chance avec les hommes, qu'il suffit de quelques grammes de dentelle pour tromper leurs sens.

L'autre, ce sont bien sûr les films porno. Qu'ils restent à la maison, soit, mais en s'offrant au minimum les quelques stimulations mentales qu'exige leur configuration cérébrale archaïque. Le sens de l'homme le plus excitable sexuellement étant la vue – la seule vue des courbes féminines permettait à leur ancêtre de se tenir prêt, ce qui semble par ailleurs expliquer l'accouplement en face à face, unique dans le règne animal –, ils ont beau dire qu'ils souffrent d'un manque de dialogue dans les cassettes X qui leur sont destinées, qui va les croire...

Et compte tenu que l'industrie de la pornographie est dédiée à 80 % aux hommes, se consacre quasi exclusivement à la satisfaction de leurs besoins inassouvis, s'attache à les conforter dans leurs fantasmes – pour preuve, toutes ces femmes sans exception qui font tout, tout, tout, et qui ont l'air d'y prendre tellement plaisir, – il serait bien étonnant que des études de marketing n'aient pas déjà eu l'occasion de montrer que ce qui leur était proposé n'était pas tout à fait ce qui les branchait.

BAVARDAGE ET EMPRESSEMENT SONT DE VILAINS DÉFAUTS.

D'ailleurs, cette absence de dialogue, on la retrouve aussi dans l'intimité de leur propre accouplement. Pourquoi ? À cause de la compartimentation ? Gagné. L'homme est tout à ce qu'il fait. Pas possible de copuler et de bavarder. Pire, si une femme se met soudain à lui parler, pour peu qu'il se sente en devoir de lui répondre – et là, il n'est pas question d'aborder inopinément les thèmes récurrents de la philosophie de Spinoza, ou de se refiler une bonne recette de tartiflette, mais de commenter ce que l'on fait, ou d'exprimer ce que l'on ressent –, il se pourrait bien que ça lui grippe les rouages, et que ça conduise à une conclusion en queue de poisson.

Pour les femmes, ce qui risque de ruiner l'ambiance, c'est de montrer qu'on est pressé. Pressé d'y aller, pressé d'en finir. Rien ne donne plus à une femme l'impression d'être l'objet du désir de l'autre. Et d'empêcher le sien. Une histoire qui circule sur le Net assure que pour un homme, les préliminaires les plus courants, c'est mendier une séance de sexe pendant une bonne demi-heure ! Une fois qu'on a emporté le morceau, ce n'est pas le moment d'aller droit au but. Une femme, on le rappelle, tourne autour du pot. Mais surtout, elle a besoin d'être rassurée, et de savoir que c'est elle qu'on veut, elle et pas une autre, elle et ses désirs, qu'il s'agit d'apprendre à connaître et à satisfaire. Alors, du déshabillage au bouquet final, l'idéal est de prendre son temps.

Au moins au début de la relation. Après quelques années de vie commune, c'est elle qui demandera d'accélérer le mouvement. Parce qu'il est tard, que demain on travaille, et que de toute façon, pour ce qu'il y a de bon à y prendre... Parce que, après quelques années passées ensemble, il ne faut pas se leurrer : si on donne à choisir à une femme entre une longue séance de massage et de caresse, du haut du crâne jusqu'au bas des reins en passant par le dos, et une séance de sexe dans son déroulement banal, il y a fort à parier qu'elle se jetterait sans hésiter sur la première proposition, et renoncerait sans le moindre regret à la seconde. Heureusement, certains hommes ont compris que, s'ils souhaitaient arriver à leurs fins, le plus avantageux était de combiner les deux. Tant mieux pour eux...

FANTASME ET DÉSIR NE SONT PAS AU MÊME NIVEAU.

La différence entre un fantasme et un désir, c'est que le fantasme n'est pas censé devenir réalité. Il doit rester à l'état de fantasme. Et c'est essentiellement la façon dont la femme fonctionne sexuellement. L'homme, lui, a besoin de passer à l'acte. C'est du désir à l'état pur. Du désir à assouvir. Du désir parfois si impératif qu'il peut, s'il n'est pas satisfait, plonger l'homme dans un état second, qui le coupe complètement de la réalité. Pour un homme, le sexe est une façon de libérer ses tensions. Des tensions qui s'accumulent en lui et dont il est délivré par une bonne jouissance. Quand un homme entre dans la phase sexuelle active, il est déjà chauffé à blanc. D'où son empressement. Et si toutefois, dans cet état de tension maximale, rien ne vient le libérer, il peut entendre moins bien, penser moins bien, se comporter moins bien.

Une femme, elle, au moment d'entrer dans cette même phase active, est pratiquement au niveau zéro. Une page blanche. Un terrain vierge. Ce sont les premiers gestes échangés, les premières caresses, les premières paroles qui vont la faire démarrer. C'est là qu'elle va aller chercher en elle les fantasmes qu'elle garde de côté – il y a bien plus de femmes que d'hommes qui pensent à quelqu'un d'autre en faisant l'amour ; d'ailleurs, dans ces moments-là, toutes les femmes le savent bien, les hommes ne pensent pas... Chez elle, la tension va monter doucement. Et si on s'y prend bien, sûrement. Moyennant quoi, même si l'orgasme ne vient pas conclure la montée, ce n'est pas grave : n'oubliez pas que la femme aime autant le voyage qu'arriver à destination.

Dans l'ensemble, nous sommes bien loin de ces femmes

avides de sexe, telle que l'imagerie collective nous les décrit, dans certains films et dans certains romans, prêtes à se jeter sur le premier venu, affublées d'envies multiples et variées, toutes plus ou moins piquées... aux hommes. Certaines actrices ou chanteuses se montrent parfois sexuellement très provocantes, laissant supposer qu'elles ont des appétits débordants. Si elles en rajoutent parfois, c'est pour mieux appuyer le trait du personnage qu'elles se sont dessiné, en fonction de la mode en cours et de la tendance en vigueur. Il est amusant de voir comment Madonna est passée sans sourciller de la bombe sexuelle en soutien-gorge pigeonnant à l'aristocrate anglaise en tailleur et voilette sur chignon banane.

Bien sûr qu'il y a des femmes qui sont très portées sur la chose. Tout comme il y a des hommes qui peuvent très bien s'en passer. Mais les premières, comme les seconds, sont loin d'être la majorité.

...ET LES SEULS HOMMES VRAIMENT COMBLÉS SONT LES HOMOS.

Tout serait beaucoup plus facile si les désirs étaient exactement au même niveau. Mais on en est loin.

Par contre, dans la communauté homosexuelle masculine, le taux de testostérone de tous les acteurs en présence atteignant les mêmes records, le sexe est vécu comme une évidence. J'ai envie, et toi ? Moi aussi. Alors allons-y.

À part pour le plaisir de monter l'escalier, pas besoin de préliminaire, pas besoin de courtiser, pas besoin de négocier une acceptation. Les back-rooms des bars et les saunas font très bien l'affaire et nombreux sont ceux qui avouent qu'ils ne connaissent pas toujours le visage qui va avec le corps qu'ils ont pénétré. Ça ferait même partie du jeu.

À noter au passage que, quoi qu'on essaie de nous faire penser, les calendriers d'hommes nus, calqués sur les modèles destinés aux hommes, s'ils sont officiellement destinés aux femmes, trouvent à plus de 90 % les homos comme clients.

Pour le reste, ce sont le plus souvent des femmes qui veulent faire une blague à une copine.

Les choses ont beaucoup évolué ces trente dernières années. Mais il y a fort à parier que le désir des femmes lui, depuis des millénaires, est resté à peu près stable, sous des influences demeurées semblables. Ce qui a changé, c'est la possibilité d'en parler. Ce qui a changé, c'est la possibilité d'oser, quand le désir est là. Mais rien de plus.

Le plus triste, c'est que de nombreuses femmes, influencées par les modèles véhiculés par les médias, se sentent anormales. Et que de nombreux hommes, pour les mêmes raisons, sont déçus et frustrés par le tempérament de leur propre femme. Il faudrait oser la lucidité. Et s'accepter pour ce que l'on est.

Dans *Le Déclin de l'Empire américain*, un film canadien de la fin des années 80, un personnage masculin prend la parole : « Veux-tu, je vais te décrire un fantasme féminin. Le fantasme féminin. La femme est dans son appartement, son petit nid d'amour qu'elle a amoureusement décoré. Son mari ou son petit ami arrive. Il a apporté quelques fleurs et une bouteille de champagne. Il est extrêmement gentil. Ils passent une belle soirée et ils font l'amour. Fin du fantasme. C'est périssant d'ennui. » Sans autre commentaire.

Dieu dit à Adam :

« J'ai une bonne et une mauvaise nouvelle pour toi.
La bonne, c'est que tu auras un cerveau pour penser, faire et créer des choses extraordinaires, et un sexe, pour donner et avoir du plaisir.
La mauvaise, c'est que tu n'auras pas assez de sang pour irriguer les deux en même temps. »

Relevée sur le Net
Décembre 2000.

L'homme et la femme mis en scène. On rit ou on pleure ?

À présent que les différences entre les hommes et les femmes ont été listées, expliquées, et commentées, il ne faudrait pas croire qu'il suffit de les réciter par cœur dans l'ordre alphabétique pour s'affranchir de leurs mauvaises influences. Reconnaître une caractéristique typiquement masculine au moment où votre ami ne voit pas les œufs qui sont pourtant bien là, à leur place, sur la porte du frigo, c'est bien, mais ce n'est pas assez. Repérer un travers exclusivement féminin, face à une amie qui reprend pour la troisième fois la même rue sans même s'en rendre compte, ça donne un point, mais ça ne garantit pas le succès à l'examen.

Car souvent ces différences se combinent, se modulent, s'imbriquent entre elles au point qu'elles ne sont plus si facilement reconnaissables. C'est là qu'elles disposent de leur puissance maximum pour venir subtilement gripper les rouages de la relation la plus courtoise.

Les différences entre les hommes et les femmes se manifestent partout, à tout moment, surtout quand on ne s'y attend pas. S'entraîner à les détecter pour neutraliser leurs ravages, voilà la solution.

Des exemples ? Avec une précision préalable : pour ces

anecdotes, nous avons choisi des personnages de base, lambda, moyens. Ni pervers, ni cruels. Si en plus ils avaient été acariâtres ou de mauvaise foi, les saynètes se terminaient probablement par des meurtres...

Raison ou émotion ?

L'Urssaf. Onze heures du matin. Sur le bureau hyper-design, en mélaminé façon palissandre, aux arêtes en plastique anodisé, qui ressemble à s'y méprendre à du métal, le téléphone retentit pour la septième fois. Sans déranger l'homme, qui, assis à son ordinateur, finit de vérifier le compte d'un de ses cotisants. Il se frotte les yeux, qu'il a fragiles, surtout quand il travaille sur écran. Le téléphone se tait un instant. Puis, presque aussitôt, reprend. D'un doigt, il appuie sur la touche de sauvegarde du clavier, quitte son dossier, puis, de la même main, décroche. « Enfin quelqu'un répond, articule une voix féminine, au bord de la crise de nerfs, ça fait plus de vingt fois que j'appelle depuis ce matin, sans jamais obtenir personne. C'est quoi, les horaires d'une administration ? » L'homme se tait. Paralysé par le ton utilisé. Un ton qui pourrait passer pour du désarroi, mais qu'il prend pour un reproche. L'homme, en lui-même, se dit que ça ne peut pas faire vingt fois. Depuis huit heures et demie qu'il est là, il n'a pas bougé de cette place. Les coups de fil, il était trop absorbé pour les compter, mais il sait intuitivement que la femme exagère. Instinctivement, il se braque. Sans compter qu'elle lui fait un mauvais procès. Insinuer qu'il n'était pas là... Pas à l'heure... Décidément, il ne supporte pas d'être critiqué. Même – surtout – quand ce n'est pas fondé.

Précision ou exagération ?

Mais il se ressaisit. Il travaille dans un service public. Il a donc forcément des contacts avec le public. Alors autant en finir au plus vite. Pour cela, revenir à une relation plus rationnelle. « Qu'est-ce que je peux pour votre service, Madame ? » La femme, qui n'a pas encore vidé tout son sac, est incapable de répondre sur le même ton, modéré. Au contraire, elle lance, presque plus excédée : « Est-ce que vous croyez que je n'ai que ça à faire, appeler, et rappeler ? Mon entreprise est minuscule. Et je me donne beaucoup de mal pour la faire fonctionner. Tout ce temps que je perds à essayer de joindre quelqu'un, vous ne croyez pas que je pourrais bien mieux l'utiliser ? – Eh bien justement, intervient-il, en tentant de calmer le jeu, ne perdons ni votre temps, ni le mien, que désirez-vous ? »

La femme a l'impression qu'elle a déjà tout dit, mais puisqu'on l'interroge, elle explique : « J'ai réglé mes cotisations avec un peu de retard. Ce matin, je reçois une mise en demeure pour payer les majorations. Ce qui est injuste. En réalité, je n'avais pas les moyens de payer avant. En plus, le facteur n'a pas voulu laisser la mise en demeure à mon assistante. J'ai dû aller moi-même à la poste. Encore du temps perdu... » L'homme se lasse, elle ne pourrait pas être plus précise ? Plus concise ? : « Votre numéro de cotisant, s'il vous plaît ? » Zut, elle ne le retrouve pas. La mise en demeure, ce matin, elle l'avait bien entre les mains. Et le dossier aussi. Mais comme entre-temps l'Urssaf ne répondait pas, elle s'est attaquée à mille autres choses.

Tout ce qu'elle a sous les yeux, c'est la liste des courses qu'elle doit faire ce soir en rentrant : « Attendez, excusez-moi, je vais le chercher », dit-elle confuse, quasiment en bredouillant. « Vous auriez quand même pu vous en munir » dit l'homme, qui n'a même pas le sentiment de donner un conseil. « Oui, j'aurais pu » réplique la femme, qui se serait bien passée de ce qu'elle prend pour une leçon.

Sermon ou persiflage ?

Elle jette un regard à sa montre : elle ne serait pas en retard pour son prochain rendez-vous ? Au fait, où a-t-elle garé sa voiture ? Elle ouvre son agenda. Surprise : la mise en demeure est là, à la page d'aujourd'hui ! Elle donne son numéro. Il pianote sur l'ordinateur, et assène : « Vous avez réglé avec trois mois de retard, Madame, trois mois, et sans prendre la peine d'établir avec nous un échéancier préalable. » Mais pour qui il se prend, celui-là ? Un échéancier ? Pour trois mois ? Et pourquoi pas une motion de censure à l'assemblée ? Et convoquer le conseil des ministres, tiens ? Ou l'ONU ? « Oui. Trois mois. Je suis bien placée pour le savoir, puisque c'est moi qui ai payé. Et qu'est-ce que ça change ? » En réalité, ça ne change rien. Elle aurait malgré tout la possibilité de demander la remise gracieuse des majorations de retards. Mais là, elle est allée trop loin. Avec son ton persifleur, elle a fini par l'énerver, notre homme. Qui répond, péremptoire : « Non, dans ce cas-là, j'ai bien peur qu'on ne puisse rien faire, Madame. » Puis, à la fois gêné par son relatif mensonge et persuadé qu'il va l'achever, il reprend : « Mais si vous voulez, rappelez demain, mon collègue sera là. »

Dans l'échange le plus banal, du moment qu'il a lieu entre un homme et une femme, le conflit est tapi derrière chaque mot.

Que se serait-il passé si ce matin-là, une femme avait été assise derrière le même bureau ?

MOYEN D'EXPRESSION OU OUTIL DE COMMUNICATION ?

À l'Urssaf, mais aussi à la poste, à la banque, au restaurant, dans un compartiment de train, il faut sans cesse se souvenir de nos différences. Au moins les essentielles. Pour la femme, le langage est un moyen d'expression, pour l'homme un outil de communication. Quand cette femme dit vingt, elle n'exagère pas, elle dit combien ça lui a semblé long. Et quand elle dit : « un peu de retard », elle ne cherche pas à embourber l'agent de l'Urssaf, elle lui fait juste savoir qu'elle a payé aussi vite qu'elle a pu. En aussi peu de temps que possible.

Si elle ne va pas droit au but, c'est parce qu'elle en est incapable : le langage lui sert à créer un lien. Avec une autre femme, ça aurait marché. Avec un homme, sa tentative a échoué.

L'homme, lui, quand il parle d'échéancier préalable, ne cherche pas à l'impressionner avec des grands mots. Juste à employer les bons.

La femme se sert de la parole pour évacuer son stress.

Malheureusement, l'homme qui est là, parce qu'il a une âme de réparateur, veut aider. Alors il conseille, pour une prochaine fois, si ça devait se représenter : « Vous auriez pu vous en munir », sans se rendre compte que la femme voudrait seulement être écoutée.

L'homme ne supporte pas les reproches, et moins encore les critiques. Si la femme n'avait pas emmanché la conversation sur ce ton, probablement qu'il aurait été moins braqué, et plus conciliant.

Limitation ou dispersion ?

L'homme est compartimenté, il ne fait qu'une seule chose à la fois – un peu borné. La femme a tous ses dossiers ouverts en même temps – qui a dit dispersée ? L'employé de l'Urssaf aurait été une femme, elle n'aurait eu aucun mal à répondre au téléphone, tout en travaillant sur son ordinateur. Et son interlocutrice, qui n'aurait pas eu à appeler huit fois pour la joindre, se serait montrée moins excédée.

L'homme est rationnel, la femme est émotionnelle. L'employée de l'Urssaf, touchée par le désarroi qu'elle aurait perçu dans les premières paroles de son interlocutrice, aurait été plus indulgente. Elle aurait été aussi plus disposée à proposer une solution, et à lui suggérer la remise gracieuse. Qu'elle aurait obtenue.

Bon, on ne va pas refaire le livre depuis le premier chapitre. Vous avez compris l'esprit.

Cependant, pour clore ce paragraphe, et se montrer équitable, il faut signaler que la situation aurait aussi été différente si les deux interlocuteurs avaient été des hommes. Un homme n'aurait pas appelé huit fois de suite. Après le premier appel sans résultat, il se serait mis à faire autre chose, et n'aurait rappelé qu'ensuite. Le temps qu'il fallait à l'employé de l'Urssaf pour finir lui-même son dossier. En rappelant, il aurait commencé par donner son numéro de cotisant, et dans la foulée, il aurait exposé le motif de son appel. Sans émotion, donc sans désarroi, mais sans persiflage non plus. Les deux discours étant au même niveau – un échange d'information –, l'employé de l'Urssaf lui aurait aussitôt mentionné la possibilité de remise gracieuse. Qu'il aurait obtenue.

Gagner ou coopérer ?

L'homme veut gagner, la femme veut coopérer : dans le domaine professionnel, plus que dans tout autre, cette dissemblance prend tout son sens. Quand l'esprit de compétition d'un homme se frotte à l'esprit de collaboration d'une femme, tout peut arriver, le pire comme le meilleur.

Ils sont deux sur ce dossier. Officiellement, au même niveau d'initiative et de décision.

Leur première séance de travail s'est bien passée. Enfin. Presque. Alors qu'il exposait la façon dont il lui semblait devoir s'y prendre, elle l'a interrompu deux ou trois fois. Il n'a pas beaucoup aimé ça. Mais il n'a rien dit. Simplement, si ça devait se reproduire, il mettrait les choses au point.

Elle, elle ne s'est même pas rendu compte que ça l'agaçait. Elle cherchait seulement à lui montrer qu'elle était d'accord avec lui. C'était sa façon « d'abonder » dans son sens. De lui dire : « On est dans le même bateau, on va ramer ensemble, dans la même direction. » De solidifier leurs liens.

La deuxième réunion a été plus constructive. C'est elle qui faisait un rapport précis de l'avancement de sa partie. À deux ou trois reprises, il lui a fait des suggestions, et elle a semblé les trouver judicieuses. Elle a même dit qu'elle en tiendrait compte. Il s'en est senti tout valorisé.

En réalité, ces suggestions, elle n'a pas vraiment l'intention de les exploiter. Mais à aucun prix elle ne le lui aurait dit. Pas question de le blesser. Après tout, ils sont ensemble sur ce dossier.

Confronter des points de vue ou mettre en commun ses idées ?

À la troisième réunion – « Nous allons confronter nos points de vue », a-t-il expliqué à un collègue, devant la machine à café. Un peu plus tard, à la cantine, elle, elle lui disait : « On va mettre nos idées en commun » –, il a fallu qu'elle remette les pendules à l'heure. Il avait un peu trop tendance à vouloir jouer les leaders. Elle lui a rappelé, gentiment mais fermement, qu'ils le pilotaient ensemble, ce projet. Ensemble, il a dit, en haussant les épaules, ça je le sais. Alors quand, presque à la fin, il lui a tendu le petit paquet de documents, en lui disant : « Tu t'occupes des photocopies », elle a eu beaucoup de mal à ne pas les lui renvoyer à la gueule.

Mais bon. Elle s'est calmée. Parce qu'on ne va quand même pas mettre le foutoir alors que tout se passe si bien.

Lui, quand il l'a quittée, ce jour-là, il s'est demandé ce qu'elle avait, avec ces discours ampoulés sur « la bonne façon de travailler ». « Ensemble, sur ce projet », il le sait ! Pourquoi a-t-elle perdu plus d'un quart d'heure à revenir là-dessus ? Elles ne peuvent pas aller droit au but, les femmes ?

À la quatrième réunion, elle l'a appelé, pour l'avertir qu'elle aurait quelques minutes de retard. Elle a eu beau s'excuser, il n'a pas pu s'empêcher d'être exaspéré. Encore une course à faire ou un coup de fil à passer. Elles sont toutes comme ça, les femmes, incapables de se concentrer sur le boulot. Quand elle a fini par arriver – elle quittait tout juste l'un des plus gros clients de la société, et venait d'obtenir qu'il renouvelle son contrat pour l'année – en plus du petit pincement au cœur de s'être montré injuste – c'était juste en pensée, donc personne n'en a rien su, mais bon, avoir tort, ce n'est jamais agréable –, il a eu un petit pincement au bide : et pourquoi l'a-t-on envoyée, elle, au charbon, sur ce coup ? Lui n'est pas assez bon ?

Pourquoi les femmes loupent toujours leur créneau en voiture ?

Parce que les hommes leur ont toujours dit que ça (faire 15 cm avec les mains), ça faisait trente bons centimètres...

Relevée sur le Net

Septembre 2000.

Réserve ou indiscrétion ?

Il a dû avoir un mauvais déjeuner, a-t-elle pensé de son côté, en arrivant, essoufflée. Il faisait une drôle de tête. Peut-être qu'il a mal pris d'avoir à l'attendre ? Pour dix minutes, il ne faut pas exagérer. Elle, elle a bien accepté son quart d'heure de retard, la dernière fois, juste après le déjeuner. Elle n'a même pas relevé. Et c'est bien normal. Être patiente, c'est une qualité. Peut-être des soucis à la maison ? De toute façon, malgré l'envie qu'elle en a, elle ne le lui demandera pas. La dernière fois qu'elle a essayé de parler avec un collègue qui semblait tracassé, il lui a répliqué que ça ne la regardait pas. Qu'est-ce qu'ils ont, les hommes, à ne jamais vouloir saisir la main qu'on leur tend ? Après tout, elle s'en fout. C'est vrai que ça ne la regarde pas. Quoique... C'est dur de ne pas s'intéresser à la vie privée de ceux qui vous entourent.

À la cinquième réunion, elle était bloquée. Elle butait sur un détail du dossier. Elle a bien essayé de lui en parler, pour essayer d'y voir plus clair, mais, sans vraiment l'écouter, il n'arrêtait pas de proposer des solutions. Forcément pas très appropriées, puisqu'il n'avait pas pris le temps d'étudier tous les aspects de la situation. Pour la première fois, elle a eu l'impression qu'il était peut-être moins brillant, moins intelligent qu'elle ne l'avait imaginé. Pour la première fois, elle a eu l'impression qu'elle devait lui faire moins confiance.

De cet échange, lui aussi est sorti frustré. Elle avait un problème. Elle le lui a exposé. De façon peut-être un peu embrouillée, mais il a réussi à tout démêler et à s'y retrouver. À plusieurs reprises, il a tenté de l'aider, d'apporter des solutions, mais elle n'a pas eu l'air d'apprécier. Pour la première fois, il a eu l'impression qu'elle voulait faire cavalier seul. Pour la première fois, il a eu l'impression qu'elle ne lui faisait pas vraiment confiance.

Le jour de la présentation, ils étaient prêts, tous les deux. Lui, il avait devant lui ses fiches, et son dossier. Elle, elle avait tout dans la tête. Le plus souvent, c'est lui qui a parlé. Et le plus longtemps, aussi. Mais elle, ça ne l'a pas vraiment dérangée. D'autant qu'il semblait si heureux de prendre la direction des opérations.

Et même, quand, à la fin de la réunion, il a dit qu'il allait au plus vite faire le compte rendu et l'adresser à tous les services, elle a à peine réagi. L'idée lui est venue, bien sûr, qu'il essayait de s'approprier tout le travail, mais elle l'a aussitôt balayée, en se disant qu'au fond il cherchait juste à se rendre utile.

Nom de jeune fille ou nom de femme mariée ?

Par contre, quand elle l'a reçu, le compte rendu, pour accord avant diffusion, elle n'a pas beaucoup apprécié d'être mentionnée en second, après lui. Ne serait-ce que par galanterie, a-t-elle pensé fugitivement. Pensée qu'elle a d'ailleurs aussitôt repoussée, avec une sorte de honte. La galanterie, il ne manquait plus que ça. Trente ans de féminisme, et elle ne peut toujours pas réprimer les plus stupides des automatismes. Non. Simplement par politesse. Respect des codes professionnels. Et esprit d'équipe.

Alors elle l'a appelé. Et lui en a carrément parlé. Enfin... après dix minutes de papotage sans intérêt pour ne pas le prendre de front et risquer de le braquer.

« C'est une question d'ordre alphabétique, il a répondu.

– D'ordre alphabétique ? elle a répété, incrédule. »

Pour deux noms à aligner, elle a pensé. C'est imparable, elle s'est dit. Quel salaud. Il a juste choisi l'argument contre lequel je ne peux rien. Comme tout le monde sait à présent – et il l'a suffisamment claironné – que c'est lui qui s'est chargé du compte rendu, si c'est son nom à lui qui arrive en premier, tout le monde considérera que j'ai accepté cette priorité. Admettant aux yeux de tous, par la même occasion, qu'il s'est tapé la plus grande partie du boulot.

À l'autre bout du fil, il se tait. Elle l'imagine savourant sa petite victoire, avec un désagréable sourire narquois sur ses lèvres qu'elle trouve soudain pincées. En même temps, elle fait marcher son cerveau à vitesse TGV. Elle a trouvé.

« Alors si c'est une question d'ordre alphabétique, rien à dire. À part que, dans ces conditions, le nom de mon mari passe avant le tien. – Tu viens de te marier ? il demande. – Ça fait six ans, elle lâche, avec tout ce qu'il faut de fausse désinvolture. Par contre, c'est juste à l'instant que j'ai décidé de l'utiliser. À présent je vais le mettre avant le mien, avec un tiret. C'est pour les enfants, tu comprends... » Il a très bien compris.

Parfois, l'homme et la femme forment un couple. Mais pour combien de temps ?

Quand on écrit à propos des hommes et des femmes, difficile de ne pas aborder le sujet du couple. Or, justement, les statistiques sont formelles : un jeune couple sur deux divorce. Et c'est sans considérer les couples non mariés, que les statistiques ne sont pas en mesure de comptabiliser.

Dans ce cadre précis, redécouvrir les différences entre les hommes et les femmes peut se révéler essentiel. Mais ce n'est pas assez. Peut-être faut-il aussi interroger sous d'autres aspects le dernier quart du siècle dernier. Et trouver à ce chiffre impressionnant d'autres raisons.

Record du divorce, fin du XXe siècle.

La première, c'est la fin des modèles archaïques, décrétée par la révolution de société des années 70. En l'absence d'exemple à suivre, à qui se référer ? Rejeter des modèles qui ont pris des milliers d'années à s'élaborer, c'est bien, mais en attendant d'en établir d'autres, on fait quoi ? On improvise. Et pas toujours très habilement.

La deuxième, c'est le résultat involontaire et pervers de l'avènement de la société de consommation : tout ce qui marche moins bien, on ne se casse pas la tête à le réparer, on le jette. Y compris son couple.

La troisième, c'est la poursuite du zéro défaut. Les entreprises des années 80 ont eu la bonne idée d'inventer ce concept drôlement intelligent. Le but du jeu, c'était de chercher sans cesse à avoir tout bon. Dans l'entreprise, ça faisait une occupation pour des tas de gens qui sans ça se seraient énormément ennuyés. C'était une sorte de rationalisation extrême de la tâche de chaque département, dans le but louable d'un service parfait rendu au client. D'ailleurs, c'est encore une valeur en cours dans certaines sociétés.

Ce qu'elles ignoraient, ces entreprises, c'est que le concept ferait son chemin dans l'esprit des individus, et que les couples le reprendraient à leur compte. À force de viser la perfection, impossible de se contenter d'un à-peu-près. Or, qu'y a-t-il de plus « à peu près » qu'un couple au fil des années ?

Salon de l'enfance, année 1957.

Avant, et pendant très longtemps, quand un petit garçon se demandait comment se comporter dans la vie, il avait un exemple tout trouvé : son papa. Pareil pour une petite fille, qui, elle, avait sa maman.

Mais les années 70 ont tout changé. Cette révolution de société n'a pas seulement envoyé les soutiens-gorge au feu, elle a aussi jeté les modèles au milieu.

Des modèles un peu dépassés, il faut bien l'avouer. Plus très à la mode, on peut en convenir. Des modèles dessinés quelques milliers d'années auparavant, et que les générations successives s'étaient contentées d'actualiser régulièrement. Légèrement, très légèrement. Rien de bien audacieux, non, du classique à peine révisé.

Prenons la fin des années 50. La période juste avant le grand chambardement.

L'homme n'allait plus à la chasse, mais au bureau, ou à l'usine. Bref, au travail. Il en rapportait non pas de la nourriture, mais des sous, pour en acheter. Et des sous, il en fallait quand on avait plein de bouches à nourrir. Les enfants, l'homme, il savait qu'il en avait, d'abord parce qu'il lui fallait savoir exactement combien de bouches il avait à nourrir, mais aussi compte tenu que c'était lui en général qui allait les déclarer à l'état civil.

Sinon, il les ignorait, à part quand la maman disait : « Chéri, il faut que tu sévisses un peu avec les enfants, je ne peux plus les tenir. » Alors il posait son journal, prenait sa voix de baryton, leur disait que ça allait bien tout ça, mais qu'il allait falloir commencer à être un peu sage, parce que sinon.

Salon des Arts ménagers, année 1961.

Puis les enfants s'égaillaient dans la nature, jusqu'au prochain repas, où ils verraient leur père sans avoir le droit de lui parler, parce que de toute façon on ne parle pas à table, et pas non plus tant qu'un adulte ne vous a pas adressé la parole.

Les papas ne savaient pas toujours exactement l'âge de leurs enfants. Et pas non plus le jour de leur anniversaire. Ça, c'était l'affaire des mamans. Parce que c'était à elles de s'occuper des enfants.

Les femmes n'étaient plus dans leur grotte mais dans leur pavillon. Elles restaient là, à veiller sur les enfants, puisque c'était à elles de le faire, et sur la cuisinière à gaz, en bavardant par téléphone avec leurs amies qui avaient la même vie qu'elles. Moulinex venait à peine de les libérer, alors vous pensez si la vie était belle.

La cueillette ? Les courses, bien sûr, toutes seules, ou entourées de leur progéniture, comme dans les temps les plus anciens. À l'épicerie du coin, ou dans ces incroyables supermarchés d'au moins deux cents mètres carrés où tous les commerces étaient rassemblés.

Pourquoi y a-t-il des millions de spermatozoïdes pour un seul ovule ?

Parce qu'un homme ne demande jamais son chemin.

Relevée sur le Net

Février 2001.

SALON DE L'AUTO, ANNÉE 1965.

Pour se distraire, les femmes lisaient des magazines pour femmes, qui leur donnaient des recettes. Et parfois, des idées. Ah, cet acteur qui jouait dans ce film en costumes, pas jeune, non, et en plus il boitait... mais bon, ce qu'il était beau ! Non, pas beau, mais tellement... Enfin, vous voyez, pas besoin de faire un dessin. Mais très vite, cette idée, elles la chassaient de leur tête, les femmes.

Parce que leur chasseur n'aurait pas aimé... Même si lui, de temps en temps, ne se privait pas de... Mais ça, ça ne les regardait pas. Leurs mamans à elles le leur avaient bien dit : les hommes, tout ce qu'ils voulaient, c'était ça. Après, on avait beaucoup de mal à les tenir. Et pire encore à les retenir. À part par le ventre. C'est-à-dire par de bons petits plats.

Quand l'homme rentrait le soir, les enfants se taisaient, et la femme racontait ses tracas de la journée. L'homme, lui, écoutait d'une oreille distraite, parce qu'il fallait qu'il s'organise pour réparer sa Simca, qui avait du mal à démarrer. Tiens, maintenant qu'il y pensait, ça avait commencé juste le jour où il l'avait prêtée à sa femme. Ah, les femmes au volant...

Et les enfants, qui assistaient à tout ça, observaient bien comment on faisait pour faire pareil quand ils seraient grands, d'ailleurs ils s'entraînaient en jouant au papa et à la maman.

RÉVOLUTION CULTURELLE, ANNÉE 1968.

Quand, pif-paf, voilà qu'on est en 1968, comme le temps passe, et en mai, en plus.

Premières manifs. Les étudiants et les élèves défilent. Les universités se mettent en grève. Les usines, dans la foulée. Les CRS-SS sont bombardés de pavés. Et la gabegie de s'installer.

Fondu enchaîné. Début des années 70. Puisqu'on avait tout cassé, il ne restait plus qu'à reconstruire. Les modèles archaïques, on les avait déchirés. On voulait autre chose, mais quoi ?... Et par où commencer ?

Les femmes se sont dit que puisque les hommes avaient l'air si contents d'être des hommes, c'était tentant d'essayer : si on disait que nous aussi on était des hommes, elles ont dit. Banco, ils ont répondu. Il faut dire qu'ils étaient prêt à beaucoup leur accorder, au moins en apparence, pour avoir la paix. Les hommes, eux, très rationnels, se sont dit, compte tenu des circonstances, il y a des places à prendre : fondons une agence de papas-poules. Ils ont appris à changer les couches et à passer l'aspirateur. Pendant que des femmes en tailleur-pantalon apprenaient la patience, sur des fauteuils design, dans des réunions qui duraient jusqu'à pas d'heures.

On avait inversé les rôles, très bien. Ça avait moyennement marché, mais au moins on avait un peu avancé.

Mais après ? Après, c'est maintenant.

FOUTOIR GÉNÉRALISÉ, ANNÉE 2001.

Est-ce que cette génération sera un assez bon modèle pour ses enfants ? Pas tant que ça, apparemment. Dans le magazine *Marie-France*, une journaliste interrogeait des adolescents sur leur façon de juger le couple que formaient leurs parents. Mauvaises notes. Tous recalés, pratiquement. Ceux qui tiennent, leurs enfants les accusent de tenir pour de mauvaises raisons. Ceux qui sont séparés, leurs enfants les soupçonnent d'avoir rompu pour de mauvaises raisons. Bilan : ils vont tous faire autrement. Comment ? Ils verront. Ce qui est sûr, c'est qu'ils n'ont aucune envie de reproduire les erreurs de leurs parents. On croirait entendre leurs parents à leur âge.

Les modèles, c'est gonflant, parce que ça vous oblige à regarder où vous mettez les pieds pour marcher dans les pas de ceux qui vous ont précédés. Mais qu'est-ce que ça doit être reposant !

SOCIÉTÉ DE CONSOMMATION, FIN DES ANNÉES 60.

Ce siècle dernier ne nous a pas seulement apporté son lot d'idées nouvelles, il nous a également fait cadeau de la société de consommation. La société de consommation, c'est la fin des collants qu'on remaille – mais oui, jeune fille, ça existait, et même jusque dans les années 70 –, des chaussettes qu'on reprise, des vêtements qu'on transforme, du caoutchouc de la cocotte-minute qu'on change, du séchoir à cheveux qu'on bricole : on jette tout ce qui marche moins bien, sans réparer. Logique qu'on ait appliqué le principe à tout. Même à son couple.

Et il est vrai que pour arriver à un tel taux de divorces, il faut bien qu'à un moment ou à un autre on ne se soit pas donné la peine de faire jouer le contrat de confiance, et de passer chez Darty pour profiter du S.A.V.

Les adolescents des années 70, en s'acheminant vers une vie à deux – le mariage était d'un tel décalé qu'on évitait carrément le sujet –, quand ils se promettaient de tout se dire, de tout se raconter, ne savaient pas vers quel calvaire ils se dirigeaient.

Puisqu'il était question de changer les règles de vie, impossible de faire l'impasse sur celles de l'amour, d'accord. Mais à ce point !

Nouvelle règles de la vie à deux, milieu des années 70.

Tout se dire, c'était bien sûr faire fi des exigences élémentaires de l'amour, qui prévoient un minimum de mystère. Et qui peut entendre sans broncher – et sans souffrir – son conjoint lui expliquer : « Tu vois, là, ça fait quelques jours, quand je te vois, ça ne me fait plus autant d'effet. Je me demande si je t'aime autant que la semaine dernière ?... » Ou mieux, raconter : « Tu sais, au bureau, il y a un type qui n'arrête pas de me regarder. Il m'a même invitée à prendre un café. Alors bien sûr j'y suis allée. Maintenant, il me propose carrément de dîner. Qu'est-ce que tu en penses, je dois accepter ? »

Mais tout se dire, c'était aussi se mettre en position d'avoir des trucs à se dire. Donc de faire des choses qui méritaient qu'on se les dise. Dans cette frénésie d'une nouvelle ère qui semblait démarrer, il faut avouer que, sans vraiment se forcer, il arrivait que certains passent le pas surtout pour se conformer. Pour suivre la consigne. Pour céder à la mode. Pour faire comme tout le monde. Dans *Les Bronzés*, le phénomène est raconté de façon aussi juste qu'amusante, par le biais du couple Jugnot-Balasko. Les couples qui se déclaraient « libérés » se jetaient dans l'aventure – les aventures –, parce qu'à l'époque, la fidélité se portait mal.

À part dans les couples animés par un vrai sentiment religieux, qui eux, forcément, étaient mariés, et reproduisaient sans se poser de questions les modèles véhiculés par la tradition.

Alors puisqu'à la première difficulté, on avait pour recommandation d'aller voir ailleurs, où l'herbe, on le sait, est toujours plus verte, pour quelle raison serait-on revenu vers la moitié de son couple, qu'on ne pouvait même pas appeler son mari ou sa femme – à l'époque, présenter la personne avec qui on vivait relevait de la virtuosité, et on ne compte plus les expressions de substitution (mon jules, mon mec, mon ami, celui avec qui je vis, mon compagnon, assortis de leurs correspondants féminins) qui, tout en rivalisant de ridicule, suffisent à prouver à quel point on était mal à l'aise avec le fait autant qu'avec le mot – alors que justement les difficultés vous y attendaient.

Objectif zéro défaut, début des années 80.

Cette période a également correspondu à l'émergence d'un nouveau concept en entreprise : la poursuite du zéro défaut. Des équipes entières se constituaient dans le but de traquer dans les moindres détails le moindre défaut dans l'organisation de l'entreprise, en interne, comme dans le service apporté au client. Bien sûr, on n'y est jamais arrivé. Mais l'objectif était seyant. Pas étonnant que la démarche ait suinté jusque dans la vie privée.

Alors que dans les couples que formaient leurs parents, qui partaient avec l'idée que c'était pour la vie, chacun s'accommodait au mieux des défauts de l'autre, dans ces couples d'un genre nouveau, qu'une rupture n'effrayait pas, on tirait à boulet rouge sur tout ce qui clochait.

« Elle n'arrête pas de parler pour ne rien dire. – C'est dans son caractère. – M'en fous, je la quitte. »

« Il est incapable de m'écouter. – Mais c'est dans sa nature ! – Je ne veux pas le savoir, je le quitte. »

« Elle ne me fait plus aucun effet… – Normal, c'est l'habitude. – Et alors… Je la quitte. »

« C'est un obsédé, il ne pense qu'à ça toute la journée. – Pas étonnant, c'est la testostérone. – Ça le regarde. Moi je le quitte. »

« Elle est casse-couille, il faut tout le temps lui dire où je suis. – Ça, c'est une caractéristique féminine bien connue, une sorte de tendance à s'inquiéter pour tous ceux à qui elle tient. – Tais-toi. Je la quitte. »

« Il ne me dit plus jamais qu'il m'aime... – Alors là, ce serait assez un truc du genre qu'un homme, qui est compartimenté, et qui utilise le langage comme un outil de communication, une fois qu'il t'a dit une seule fois qu'il t'aimait... – Eh, arrête. Tu me gonfles. De toute façon, je le quitte. »

C'est ainsi que de rebondissements en rebondissements, parfois avec, parfois sans enfants, on se retrouve à un âge plus ou moins avancé, seul et un peu désemparé, à venir gonfler les statistiques sur le divorce.

Les exigences du couple lambda, autour des années 90.

Une femme veut qu'un homme soit à la fois le meilleur des pères, des maris, des amants et des amis. Un homme veut la même chose d'une femme : mère, épouse, maîtresse, amie. C'est légitime ? Soit. Alors pourquoi ne pas l'exiger de l'autre ? Tout simplement, peut-être, parce qu'on est incapable soi-même de le lui procurer, ce qui prouve bien que ce n'est pas si facile.

Et puis surtout parce que si rien n'interdit d'exiger, rien ne garantit non plus de trouver. Combien d'hommes ont divorcé de leur femme pour retomber quasiment sur la même, même pas plus jeune. Combien de femmes ont quitté leur mari, pour se remettre avec son clone, même pas plus gentil. Une sorte de règle non écrite voudrait qu'on réédite ses erreurs, et qu'on se fracasse toujours sur le même genre de personne. Alors pourquoi se quitter, si c'est pour se retrouver, pas trop longtemps après, dans la même situation, avec un autre, pas si différent du premier ?

À part si on décide de vivre seul ? Alors là, rien à redire.

Fin de la discussion. Mais on en reparle dès qu'une occasion se pointe, même pas si exceptionnelle que ça.

À part pour revivre « les frissons des premiers moments » ? Bon, ça c'est un argument.

Mais est-ce qu'il tient la route contre cette statistique imparable : on se sépare plus au cours d'une deuxième union (+10 % en moyenne) qu'une première. Pas de statistique homologuée pour les troisièmes, les quatrièmes, les...

Si on ajoute qu'on vit quatre ans de plus en moyenne quand on fait partie d'un couple qui marche, et qu'on observe moins de maladies cardio-vasculaires et de cancers dans les couples qui durent. Et qu'on fait bien plus souvent l'amour quand on est en couple que célibataire : trois fois par semaine pour un homme marié, une fois pour les célibataires. Oui, ce sont des moyennes. C'est vrai, ce sont des déclarations. Mais c'est tout ce dont on dispose.

STRATÉGIE POUR UNE RÉCONCILIATION, DÉBUT DU 3e MILLÉNAIRE.

Là, normalement, il y en a un certain nombre qui se demandent si au fond ça ne vaudrait pas le coup d'essayer quelque chose du côté de la durée.

Chapitre suivant !

L'homme et la femme se réconcilient. Ouf !

Tous les observateurs qui se sont penchés sur les hommes, les femmes, et les différences qui les caractérisent, se sont posé à un moment ou à un autre la question qui tue : mais pourquoi vivent-ils ensemble ? Pourquoi ne s'évitent-ils pas soigneusement, réduisant ainsi les risques de conflits, de déceptions et de frustrations ? Pourquoi n'initient-ils pas chacun de leur côté, les femmes avec les femmes, les hommes avec les hommes, une société n'accueillant que leurs semblables, où tout le monde s'apprécie, s'entend et se comprend ? On travaillerait entre femmes ou entre hommes. On sortirait entre femmes ou entre hommes. On s'amuserait entre femmes ou entre hommes. On vivrait entre femmes ou entre hommes...

On aimerait répondre que c'est parce que les hommes et les femmes ont beau être différents, ils ne peuvent définitivement pas se passer les uns des autres, que ce soit au bureau, en famille, entre amis, au nom de leur irremplaçable complémentarité... On aimerait soutenir que ce sont justement ces différences qui font l'attirance, irrésistible, qu'ils exercent mutuellement. Que l'humanité a été créée pour l'amour, la fraternité – qui a dit sororité ? –, la main dans la main, et si tous les gars du monde – et les nanas – etc.

En réalité, la réalité est une fois de plus moins grisante.

Qu'on le veuille ou non, on est là pour assurer la survie de l'espèce.

Alors puisqu'on est obligé de se supporter, si on cherchait des moyens pour arrêter de se tirer dans les pattes, et mieux encore, ne riez pas, pour s'apprécier ?

Ceci posé, nous n'allons pas non plus nous engouffrer dans une relation plus ou moins longue et plus ou moins prospère avec tous les représentants du sexe opposé que nous allons croiser.

Voilà pourquoi, dans ce chapitre, le dernier, d'un compartiment à partager, à toute une vie à dérouler, nous allons aborder les quelques trucs, astuces et conseils qui feront de nos relations inter-sexuelles un paradis sur terre.

Quelques astuces pour la vie de tous les jours.

À la poste, à la banque, à l'Urssaf, à l'Anpe ou au restau, en général, on a quelqu'un qui veut une chose, et quelqu'un d'autre qui est en mesure de la donner. Un timbre, la position d'un compte, une remise gracieuse des majorations, la liste des emplois disponibles, ou un steak frites. Et c'est pareil pour l'épicerie, le supermarché, le pressing, et pratiquement tous les lieux qu'on fréquente quotidiennement. Alors où se situe le problème ? Dans la façon de le demander, et dans la capacité d'écouter.

LES FEMMES ONT DES EFFORTS À FAIRE.

Dans ces circonstances quotidiennes, une bonne fois pour toutes, vous les femmes, apprenez à demander exactement et directement ce que vous voulez, et vous les hommes, faites un effort pour écouter. Voilà déjà la moitié des conflits qui devraient céder d'un coup.

Go to the point, disent les Anglo-Saxons. Allez droit au but. Vous les femmes, n'ayez peur ni de demander, ni de recevoir. Vous avez froid dans le train ? Évitez le compliqué : « Vous ne trouvez pas qu'il fait froid ? » Demandez gentiment, mais fermement, à votre compagnon de voyage, que vous ne connaissez pas, et qui ignore combien vous êtes frileuse, d'augmenter le chauffage. Et s'il avait trop chaud ? Pas de panique : s'il est au bord d'étouffer, il n'hésitera pas, lui, à vous prévenir qu'il va le rebaisser.

Quand vous entrez en relation avec une administration, prenez la peine de préparer vos papiers, vos coordonnées, vos numéros. Bref, tout ce qu'il faut pour ne pas perdre votre temps. Et faire perdre celui de l'autre.

LES HOMMES ONT DES EFFORTS À FAIRE AUSSI.

Vous, les hommes, écoutez, et taisez-vous. Arrêtez de penser qu'écouter sans donner votre avis toutes les trois minutes n'est pas digne de vous. Les hommes ont tendance à penser que puisque parler, c'est donner de l'information, écouter, c'est en recevoir. Donc, s'avouer moins renseigné que l'autre. Oubliez tout ça. Écouter, c'est juste s'intéresser à l'autre et à ce qu'il désire.

À part ça, et en toutes circonstances, hommes et femmes, essayez d'avoir sans cesse à l'esprit les différences fondamentales entre les hommes et les femmes, pour désamorcer les conflits à leur source en vous servant des grilles de décodage.

Quand, à la poste, le préposé aux colis passera au moins trois minutes et demie à coller droit les deux timbres sur le paquet qu'il a devant lui, plutôt que de le prendre pour vous – contre vous – si vous arrivez à vous dire qu'il n'est qu'un spécimen quasiment exemplaire du genre masculin, qu'il est donc incapable de faire plusieurs choses à la fois, si vous pensez pour vous-même, en souriant intérieurement : « Ah, la compartimentation... », il y a fort à parier que vous sentirez soudain toute votre agressivité se diluer dans une bonne humeur retrouvée.

De même, si la préposée est une femme, et que, tout en tripotant votre formulaire de recommandé, elle répond à sa collègue qui s'interroge tout haut sur le tarif express pour la Guadeloupe, pèse le paquet de l'usager qui vous a précédé, et répond au téléphone que les bureaux ferment à 18 heures, ne vous dites pas que vous n'êtes pas prêt de voir votre courrier prendre le chemin de son destinataire. Rassurez-vous en vous rappelant qu'une femme peut mener plusieurs choses de front. Et observez, avec admiration, son implacable virtuosité.

Pareil pour tout. À vous maintenant de vous débrouiller.

Quelques conseils pour le bureau

On ne va pas se répéter, mais au bureau aussi, demander, quand on est une femme, et écouter quand on est un homme, ça pourrait bien améliorer notablement les relations. « Il n'y a plus de papier dans la photocopieuse », c'est une très jolie phrase, syntaxiquement irréprochable, mais si ce que vous souhaitez vraiment, c'est qu'il remette du papier dans la photocopieuse, rien ne remplacera cette autre qui a fait ses preuves : « Dis, s'il te plaît, tu pourrais remettre du papier dans la photocopieuse ? »

Les hommes, eux, auraient tout intérêt à renoncer à leur tendance S.A.V. Quand on vous parle, ce n'est pas forcément parce qu'on attend de vous que vous répariez le monde, ou l'entreprise qui vous abrite, ou le bureau qui vous accueille, c'est juste parce qu'on a un truc à vous dire. Ou à vous faire partager, si c'est une femme qui se trouve en face de vous.

PLUS CONTRE MOINS.

Mention particulière, donc, pour les relations de travail. Tout ce que l'on a dit jusqu'ici est vrai, et fonctionne. Avec un plus, et un moins.

Le plus, c'est qu'à part quelques cas compliqués – les gens mariés qui travaillent ensemble, les gens qui travaillent dans la même boîte et couchent ensemble –, on est au moins débarrassé de tous les aspects affectifs. On est différents, mais on n'attend pas non plus de l'autre qu'il comble tous nos désirs et nos besoins. Juste quelques attentes, en général bien définies par un contrat de travail, et parfaitement légitimes.

Le moins, c'est que le lieu de travail est l'un des deux territoires – le second, ce sont tous les terrains de sport – où les hommes peuvent encore affirmer sans complexe leur esprit de combativité et leur rage de vaincre. Et que leurs caractéristiques y prennent d'autres reliefs.

Première chose à rappeler, un peu prosaïque mais

indispensable : un homme est bien à la maison si tout va bien au travail. Une femme est bien au travail si tout va bien à la maison. Cette assertion semble un peu primaire, mais est essentielle pour décrypter au moins sommairement ceux qui nous entourent.

Travail contre famille.

Et se confirment par un certain nombre d'études, menées aux États-Unis, en Australie, en France et en Italie, dont voici, façon compilation, quelques résultats marquants.

Interrogés sur leurs priorités dans la vie, voici ce qu'ont répondu les hommes et les femmes sondés.

Tout de suite après une vie sexuelle intense – à 99 % –, 87 % des hommes déclarent que leur travail est ce qui compte le plus pour eux. En parallèle, seulement 5 % des femmes interrogées placent leur carrière parmi leurs priorités. Dans une autre étude, pour 6 femmes de 30 à 39 ans sur 10, et pour 3 femmes de 18 à 29 ans sur 10, la première priorité est la maternité. Pour 80 % d'entre elles, tous âges confondus, l'éducation de leurs enfants est une priorité absolue.

Une autre étude établit que 93 % des femmes interrogées refusent de dépendre financièrement de leur mari. Il y a bien sûr un grand nombre de femmes qui travaillent parce qu'elles aiment leur métier, ou simplement parce qu'elles sont motivées par leur carrière, mais une grande majorité d'entre elles déclare quand même ne travailler que pour l'argent, à 77 %.

Pour boucler la boucle, puisque ce sont ces études qui le révèlent, même si ce n'est pas ici le sujet : seulement 1 % des femmes interrogées désignent le sexe comme une priorité.

Spécialisation contre polyvalence.

Après ça, on peut bien sûr passer en revue tous les points de différences, en s'efforçant de réaliser à quel point, au travail, ils peuvent influencer les comportements et porter à confusion.

Et mener droit à l'hostilité si on ne se méfie pas. Apprendre à les détecter, c'est savoir les désamorcer. Et vivre en paix.

La compartimentation des hommes, le « tout en cours » des femmes est à soi seul un vrai nid à conflits. Si un homme ne s'interrompt pas dans une tâche pour répondre à la question pressante d'une collègue, ce n'est ni de l'indifférence, ni du mépris, ni de la goujaterie : c'est le besoin inné et irrépressible d'aller jusqu'au bout de ce que l'on fait. De la même façon, si vous entrez dans le bureau d'un homme en plein travail, si vous lui demandez un service urgent, s'il acquiesce, en signe d'acceptation, et si vous ne le revoyez pas de la journée, ce n'est pas qu'il est inconséquent. Mais que, trop absorbé par ce qu'il faisait, soit il ne vous a pas même entendu – le signe, c'était juste un salut – ou qu'il a aussitôt rejeté la demande de son cerveau, parce qu'elle venait parasiter sa réflexion. Quant aux femmes, mieux vaut savoir qu'elles ont naturellement tendance à mener plusieurs choses de front pour ne pas risquer, à mauvais escient, de les accuser de se disperser. Ou de les soupçonner de vouloir jouer perso en refusant de déléguer. Ou de chercher à se faire remarquer en se portant volontaires pour plusieurs tâches à exécuter. De la même façon, il ne faut pas se sentir agressé si une femme, sans hésiter et sans effort apparent, se souvient du nom des deux assistants de ce client important, ou des délais exacts de livraison pour les cinq mois à venir : elle n'a pas bachoté toute la nuit pour parvenir à une telle prouesse, et vous prouver à quel point vous êtes à l'ouest. Elle s'est juste contentée d'écouter. Et de stocker.

RIGIDITÉ CONTRE ADAPTABILITÉ.

Faire pareil pour les hommes, faire mieux pour les femmes est aussi une drôle de règle, qu'il faut connaître, pour la déjouer. Une fois qu'on a repéré comment elle influence les façons de se comporter, on peut plus facilement lutter contre ses propres penchants, et se montrer plus indulgent avec ceux des autres.

Cette règle ne s'applique pas seulement à la meilleure façon de mener un dossier. Mais aussi dans la façon de déjeuner à la cantine ou de s'habiller. Il existe paraît-il des cas célèbres de grands chefs d'entreprise qui disposent, répétés en plusieurs exemplaires identiques, d'un seul costume, d'une seule chemise, d'une seule cravate. La question métaphysique quotidienne des femmes le matin devant leur garde-robe trouverait ainsi la meilleure des réponses. En annulant la question.

Cette constance, que les hommes appellent de la persévérance, que certaines femmes auraient envie de traiter d'entêtement, peut amener les plus grands patrons aux plus grandes faillites. On a tous entendu la fameuse phrase : « On ne change pas une équipe qui gagne. » Souvent, il y a une femme à ce moment-là, une nouvelle, pour demander candidement : « Pourquoi ? » Et personne pour lui répondre.

Entêtement contre inconséquence.

Pareil pour l'inévitable : « On a toujours fait comme ça, alors ce n'est pas maintenant qu'on va changer. » Certains vont même jusqu'à se justifier : « Toutes ces améliorations que vous suggérez d'étudier, vous imaginez bien, nous y avons pensé (c'est un homme, chef d'entreprise, qui s'adresse à une femme qu'il vient d'engager). En vingt ans, nous avons eu le temps. – Oui, mais ce n'était peut-être pas le bon moment... – Écoutez-moi, dit-il en l'interrompant, après les avoir envisagées, nous les avons repoussées. En vous le disant aujourd'hui, je vous fais gagner du temps, je vous évite bien des réflexions, bien des tergiversations, bien des déceptions. Non, je vous assure, faites comme on a toujours fait. – C'est pour cela que vous m'avez engagée ? » L'homme ne répond pas. Il vient d'ouvrir son agenda. Comme un homme ne fait qu'une chose à la fois, il faut comprendre que l'entretien est terminé.

Fermeture contre ouverture.

L'homme se referme sur lui-même, la femme s'ouvre aux autres : cette caractéristique se retrouve bien sûr aussi dans le cadre professionnel. D'où, face à un problème à résoudre, la nécessité pour les hommes de s'isoler pour réfléchir, et le besoin pour les femmes de discuter ou de converser pour progresser. D'où les portes fermées des bureaux masculins, les portes ouvertes des bureaux féminins – à part quand elles appellent la maison pour savoir si le grand est bien rentré et le petit a bien déjeuné. D'où les confidences des femmes entre elles, et le silence de ces messieurs.

Le phénomène est encore plus marqué quand les réunions ne rassemblent que des personnes du même sexe. C'est fou le nombre de choses que sont amenées à se raconter des femmes qui travaillent ensemble. Parfois, l'impression est à la digression. Et pourtant, à un moment ou à un autre, on s'étonne de voir débouler une solution au problème qu'on explorait alors qu'on semblait parti bien loin, et même à l'opposé. Si vous êtes le seul homme dans ce type de réunion, pas de panique. Commencez par vous calmer – vous êtes un homme, alors on peut compter sur vous pour contrôler vos émotions. Ce n'est pas votre façon de procéder, d'accord, mais elle peut très bien fonctionner.

Dans les réunions entre hommes, à l'inverse, les sujets sont en général évoqués dans l'ordre exact de l'ordre du jour. Quand on a épuisé l'état des connaissances, on passe au suivant. Chacun parle à son tour, et s'il y en a un qui interrompt, ce n'est sûrement pas pour enrichir le discours de l'autre, mais plutôt pour faire valoir son point de vue. C'est normal. C'est le besoin de montrer qu'on existe, qu'on a quelque chose à dire. Si vous êtes une femme, calmez-vous – ce n'est pas facile de contenir vos émotions, mais faites un effort, c'est pour la bonne cause : pour préserver l'harmonie des relations –, montrez-vous patiente, et conciliante.

Patiente et indulgente aussi si vous attendez qu'une décision soit prise. Quand les hommes ne sont pas sûrs d'eux, de leur choix, de leur opinion, inutile d'attendre d'eux qu'ils tranchent. Ils temporisent. Passent en douce au sujet suivant. Font semblant d'avoir un coup de fil urgent. Fuient, en un mot. Alors que les femmes, dans la même situation, se lancent, en faisant confiance à leur intuition.

PARLER CONTRE PRENDRE LA PAROLE.

Les femmes aiment parler, savent parler, n'arrêtent pas de parler... on l'a clairement établi ici. Mais pas dans leur environnement professionnel. Et c'est sans doute le seul de point de variation entre les différences observées dans la vie courante, et la vie professionnelle. Il mérite donc d'être souligné, d'autant qu'il s'applique à toutes les occasions de prise de parole en public.

Des gens se sont même donné la peine de l'établir. Et scientifiquement s'il vous plaît.

Après avoir longuement observé le déroulement de réunions à la fac, des chercheurs américains ont établi que les profs femmes interviennent sur 3 à 10 secondes environ, contre environ 10 à 17 secondes pour les hommes. Une étude antérieure montrait qu'à la fin d'une conférence, quand les auditeurs sont invités à poser des questions, les questions des femmes durent en moyenne 23 secondes, contre 53 secondes pour les hommes.

Une linguiste a même cru bon, paraît-il, de bien différencier la nature des discours masculin et féminin.

RENDRE COMPTE CONTRE TENIR COMPTE.

Le discours masculin « rend compte ». L'homme est à l'aise dans le monologue. Il déroule sa pensée seul, sans que personne vienne l'altérer, ou la dérouter, ou la parasiter. Il est donc tout à fait heureux de prendre la parole en public. D'autant que c'est aussi une façon de prendre le pouvoir, de s'imposer.

Le discours féminin « tient compte ». Il est relationnel. Il sert à établir des échanges. La femme est surtout à l'aise dans le dialogue, la conversation à plusieurs, ou même, pourquoi pas, la cacophonie. Juste le contraire de prendre la parole en public, en solitaire. D'autant que ce serait aussi une façon de se faire remarquer.

En fait, la femme aime bien bavarder, communiquer, mais pas forcément formaliser un propos dans le but de délivrer une information. D'ailleurs, on l'a déjà vu, pendant la période du syndrome prémenstruel, la femme en viendrait presque à bafouiller. Et ses meilleures performances oratoires, elle les accomplit au moment du pic de testostérone – hormone masculine par excellence – juste au moment de l'ovulation. Parler, oui, prendre la parole, non...

Enfin, de façon en apparence contradictoire, il faut signaler que les hommes, qui n'ont pas plaisir à parler, prennent plaisir aux réunions – pour eux, c'est une partie intégrante de leur mission. D'ailleurs, ils ne parlent pas, ils échangent des points de vue, ils analysent la situation. Pour les femmes, c'est le contraire. Une réunion n'est qu'une parenthèse dans leur activité. Une phase stérile dans leur emploi du temps. Un temps mort. C'est ainsi qu'un groupe de femmes est tout à fait capable, à six heures et demie, le vendredi soir, de mettre fin à un débat après avoir réalisé l'heure qu'il était. Alors qu'aucun homme n'osera jeter le moindre regard à sa montre et observera le jour tomber avec une admirable résignation.

RESTAURANT D'AFFAIRES CONTRE SALON DE THÉ.

Détails anecdotiques de la vie professionnelle, au moins dans les sphères de responsabilité, les hommes sont très attentifs à deux attributs qui constituent aussi des privilèges : les déjeuners d'affaires et le fait d'être débordé.

Les déjeuners d'affaires, c'est vraiment une affaire d'hommes. Avec ses rites, de la prise de rendez-vous, si possible par secrétaires interposées, même si les principaux intéressés restent là plantés à leurs côtés à leur chuchoter tout bas leurs disponibilités, et jusqu'au cigare, quitte à l'écraser à peine allumé si on n'aime vraiment pas ça. Avec ses restaurants désignés : il faut un certain apparat, et surtout, des hommes d'affaires aux tables d'à côté. Ses conversations formatées : le boulot, mais sans se confier, la politique, mais sans se révéler, les vacances, mais sans se dévoiler, et le sport, sans restriction, si les deux interlocuteurs sont aussi friands du sujet. Et sa durée imposée : à Paris, revenir d'un déjeuner d'affaires avant trois heures de l'après-midi, c'est une faute grave, passible de l'exclusion du groupe des cadres.

Du côté des femmes, ce n'est pas qu'on ne déjeune pas, mais les règles sont moins rigides. On prend ses rendez-vous soi-même. Un salon de thé peut faire l'affaire. On peut très bien parler de sa vie privée – c'est même recommandé, car c'est une façon de resserrer les liens en montrant qu'on se fait mutuellement confiance. Et surtout, on regarde plusieurs fois sa montre, en s'excusant, et en expliquant qu'on aimerait bien ne pas rentrer trop tard au bureau.

Pourquoi ? Parce qu'on a tout un tas de choses à terminer, et que, même à un haut niveau de responsabilité, si on peut être revenue chez soi à une heure décente, ce sera toujours l'occasion d'être un peu avec les enfants, ou d'échanger trois mots avec la nounou sans la retenir par la manche sur le palier.

Hommes débordés et femmes pressées.

Les hommes, eux, s'ils prennent tout leur temps pour déjeuner, c'est parce qu'ils n'ont pas de limite virtuelle pour rentrer chez eux le soir. On pourrait même aller plus loin : un homme important pour sa société est un homme débordé, qui rentre tard. L'un d'eux, interrogé sur ce cigare qu'il finissait tranquillement dans son bureau, qui l'empêchait forcément de se lancer dans cet énorme dossier qui l'attendait, avouait en souriant : « De toute façon, j'ai tout mon temps : il ne manquerait plus que j'arrive chez moi avant le bain des enfants ! Pour peu qu'on me suggère de le leur donner... »

Dans les entreprises à forte concentration masculine, on observe d'ailleurs assez couramment un délai de carence, une sorte de zone franche, en début d'après-midi – c'est qu'il s'agit de digérer –, avec une nette reprise de l'activité survoltée autour de quatre-cinq heures.

Au contraire, dans les entreprises à dominante féminine, les rendez-vous importants sont fixés autour de trois heures, et les réunions à cinq heures collectivement évitées.

Maintenant, quand les hommes et les femmes sont équitablement représentés, et quand la parité est respectée, chacun s'arrange comme il peut. Peut-être que les femmes prennent l'initiative en début d'après-midi, et que les hommes occupent le terrain ensuite...

Nouvelle Économie

Où sont les femmes ?

C'est confirmé... en chiffres : les horaires fous de la nouvelle économie n'attirent vraiment pas les femmes. D'après un sondage de *Futur(e)*, le dernier-né des magazines sur les nouvelles technologies, 68 % des entreprises du Web emploient principalement des hommes et comptent tous des mâles à leur tête. Mais, changement, 50 % des femmes admettent avoir plus de responsabilités que dans un secteur traditionnel, et 73 % sont autant, voire mieux payées que les hommes.

Marie-Claire

Janvier 2001.

GRIMPER CONTRE DURER ?

À signaler pour finir : si les valeurs masculines ont toutes les raisons de propulser un individu au sommet de l'entreprise, ce sont bien les valeurs féminines qui ont toutes les chances de l'y maintenir. La rage de vaincre, l'envie de supplanter les autres, la volonté d'être le premier, de s'imposer, d'être le meilleur : c'est bien pour trouver le courage et l'énergie de grimper. Mais une fois en haut, la capacité à avoir tous ses dossiers ouverts en même temps, de créer un climat d'harmonie et de coopération, de favoriser le travail en équipe pour créer de nouvelles synergies, de parler plusieurs langues – compte tenu de la mondialisation –, de se montrer suffisamment attentif à tous, de détecter les talents de chacun, sont des atouts indispensables. À cultiver soigneusement si on les a en soi, à acquérir de toute urgence par stages intensifs si on accuse un état flagrant de pénurie, si une fois arrivé, on veut durer...

Une preuve, s'il en fallait, de la complémentarité non pas de l'homme et de la femme, mais des qualités masculines et féminines.

Quelques soluces pour les ados.

Du côté des ados, à partir de 16-18 ans, et jusqu'à 20-22 ans, le problème est encore différent. Pour les différences essentielles, on les observe, bien sûr, quasiment à l'identique : une jeune fille est déjà une femme, un jeune garçon, un homme. Mais une autre dimension vient encore compliquer les relations : parce qu'on cherche à se plaire, on se ment. On se raconte autrement. On s'expose en s'embellissant. On met au point des stratégies fondées sur des faux-semblants.

Après ça, essayez d'y retrouver vos petits.

Et avant ça, rapide tour d'horizon des spécificités adolescentes de toute éternité, et des caractéristiques particulières liées au contexte de ce début de siècle.

Une jeune fille, c'est une petite fille qui va devenir une femme. Aucune raison dans ces conditions pour qu'elle ne soit pas à la fois comme ses cadettes et comme ses aînées. Elle aime être en groupe, et pour les filles, le groupe commence à partir de deux. Les jeunes filles se rassurent mutuellement sur leur choix. Parce que leur identité est encore floue (plus jeunes, elles n'y pensaient pas, plus tard, elles s'affirmeront individuellement), elles ont plus que jamais besoin de se conformer aux règles du groupe : même si elles en discutent des heures, au fond, elles pensent pareil, elles aiment les mêmes choses, les mêmes personnes et portent les mêmes vêtements, frappés des mêmes logos.

Groupe contre bande.

Comme elles cherchent avant tout à être appréciées, elles s'efforcent d'établir des relations d'égale à égale, une sorte d'organigramme plat, où chacune a sa place. Les rivalités existent, qui donnent naissance ponctuellement à des sous-groupes, mais le plus souvent, face par exemple à une agression extérieure, le groupe se reforme, plus soudé que jamais. Il n'y a pas à proprement parler de leader, ou alors le leadership s'exerce à tour de rôle, une sorte de tournante en fonction des lieux, des circonstances et des aptitudes particulières de chacune. On peut très bien accepter la supériorité de l'une d'elles en classe, s'en remettre à une autre quand on sort en boîte, et, pour une séquence shopping, céder l'initiative à une troisième. On parle beaucoup, bien sûr, et surtout des garçons.

Les garçons, eux, sont en bande. On se conforme aussi aux règles du groupe – on cherche à s'individualiser, à montrer qu'on est le plus fort, mais à cette période-là, c'est autant individuellement que collectivement, en bande. Au sein de la bande émerge un leader. Un leader est le leader en toutes circonstances. La hiérarchie rassure les hommes, alors imaginez les jeunes hommes. On ne parle pas beaucoup des filles – parce qu'on parle peu –, mais on ne pense quasiment qu'à ça.

Implication contre complication.

Donc, globalement, vu qu'on se trouve face à une population jeune, belle, et en pleine santé, libre de tout engagement, les relations devraient aller de soi, et les petits couples se former comme autant de start-ups pleines d'avenir. Et pourtant, ce n'est pas toujours le cas.

Plus jeunes, pas de problèmes. Dans la cour de récré, impossible de recenser tous les amoureux, les amoureuses et les fiancés.

Mais à partir du moment où l'on est fonctionnant – juste après la puberté –, tout devient plus impliquant. Et tout se complique à volonté.

D'abord, parce que les parents ne constituent pas des modèles imparables. Alors avant de se lancer, on hésite. On ne sait pas où on met les pieds. Si on se lance, c'est pour combien de temps ? Et à quel degré d'engagement ? Si on se lance, est-ce qu'on pourra reculer ? Et comment avancer ? Dans quel sens, à quelle vitesse ?

Avant, il y a longtemps, quand on se lançait, c'était pour toujours. Pas moyen de tergiverser. Récemment, quand on se lançait, c'était pour un certain temps, avec ruptures et divorces à la clef, histoire de ponctuer régulièrement d'inévitables rebondissements la plus banale des vies sentimentales. Avec, sur le bas-côté, des enfants qui souffraient – ils sont bien placés pour le savoir –, et en toile de fond, des insultes qui fusaient, des adultes qui se déchiraient, et un malaise ambiant pas supportable.

MARIAGE CONTRE PACS.

Alors maintenant, on en est où ? Au beau milieu de nulle part. On se cherche. Et on réfléchit plus sérieusement, presque plus gravement, à son avenir.

Les ados se montrent souvent plus raisonnables que leurs parents. Dans leur grande majorité, ils cherchent à construire une relation, une vraie, qui a toutes les chances de durer. Un sondage récent à propos du mariage, mené par des étudiants sur des étudiants de 18 à 22 ans, montrait nettement que le mariage revient à la mode : 78 % des personnes interrogées, filles et garçons confondus, déclaraient souhaiter se marier, en quasi-totalité « pour la vie », tout en ayant conscience qu'il s'agissait « d'un pari sur l'avenir ». Les chiffres étaient comparables parmi les enfants de couples encore mariés et de couples de divorcés. À propos du Pacs, 93 % considéraient qu'il constituait une alternative recevable au mariage, mais pour d'autres couples que ceux qu'ils souhaitaient former, révélant ainsi leur envie de « consacrer » leur union. De même, 58 % des filles et 47 % des garçons affirmaient qu'ils se plieraient avec plaisir aux rituels liés au mariage (fiançailles, tenue de cérémonie, célébration, etc.).

Par ailleurs, 98 % des jeunes filles déclaraient vouloir demeurer indépendantes financièrement de leur futur mari.

La passion ? Pourquoi pas si elle ne fout pas en l'air toute une vie ou toute une carrière. Un genre de oui, mais avec modération – l'antidote même de la passion. À la question : « Abandonneriez-vous tout pour suivre votre compagnon ou votre conjoint ? », le non l'a largement emporté, à 88 %. À noter : sur les 12 % qui restent, on observait une majorité de filles.

Il faut enfin signaler que le groupe d'étudiants d'université de troisième cycle qui a mené cette enquête n'a pas systématiquement jugé bon de scinder les sondés en deux populations : filles et garçons. Et c'est probablement l'autre enseignement le plus frappant de ce travail.

ÉCOLES DE FILLES ET ÉCOLES DE GARÇONS, CONTRE LYCÉES MIXTES.

Ensuite, parce que pour la première fois dans l'histoire de l'humanité, nous nous trouvons face à une génération où filles et garçons ont été élevés ensemble, et de la même façon.

Il y a à peine trente ans, l'enseignement secondaire n'était pas mixte. Aujourd'hui, il l'est.

Alors, d'une part, comme filles et garçons suivent leur scolarité dans les mêmes établissements, ils se côtoient quotidiennement. Se connaissent par cœur. Se voient à la gym. Se raccompagnent à la maison. Parfois révisent tard et dorment ensemble, dans la même chambre, pour ne pas rentrer quand il fait trop noir.

Cette petite pointe aiguisée, provoquée par le mystère qui entoure l'autre, celui qui vous est étranger, celui qui vous demeure caché jusqu'au moment d'être initié, cette petite pointe qui vous titille et vous pousse à l'action, cette petite pointe qui griffe de façon si délicieuse, cette petite pointe s'est forcément émoussée – tant pis, tant mieux. Et pourtant, parallèlement, le désir s'est augmenté, justement de cette promiscuité. Plus envie de l'autre, ou moins ? Qui le sait ?

D'autre part, on attend des filles qu'elles entrent, avec le même élan que les garçons, dans la compétition. Dans les années 70, les lycées de garçons comptaient 80 % de terminales scientifique, les lycées de filles 80 % de terminales littéraire. À présent, les classes scientifiques sont encore les plus nombreuses – normal, compte tenu de la pensée masculine dominante –, mais filles et garçons constituent des effectifs équivalents. Il va de soi qu'elles sont aussi capables qu'eux, qu'on leur donne les mêmes chances, qu'on les conditionne de la même façon au succès, et à leur réussite future. Égaux, ils le sont – leurs parents s'efforcent assez à cette parité. De là à conclure que garçons et filles sont pareils, il n'y a qu'un pas. Allégrement franchi mentalement. Alors ensuite, quand on en arrive à jouer sur un autre registre, celui des relations sentimentales, comment changer de perspectives, comment trouver d'autres repères ? Comment tenir correctement son rôle ?

RELATION AMICALE CONTRE RELATION SENTIMENTALE.

Enfin, parce que ces jeunes gens sans certitudes ont du mal à se faire confiance, vis-à-vis d'eux-mêmes et des autres. Alors ils se la racontent. Et finissent par ne même plus y voir clair dans leur propre jeu. Comme on se connaît bien, qu'on se voit tous les jours, quand on glisse vers un autre type de relation, on cherche à recréer le mystère, l'étrangeté, l'imprévisible, l'inattendu.

Par défi, les filles jouent les affranchies, les blasées de la séduction. Par pudeur, les garçons masquent leurs sentiments, et leurs impulsions. On dit qu'on s'appelle. On ne s'appelle pas. Exprès. On espère que de l'attente naîtra l'envie. De l'autre côté, sans nouvelle de l'autre, on se convainc qu'on ne l'intéresse pas. Et on tente de s'en guérir.

Et on passe à l'histoire suivante sans même avoir donné une chance à celle en cours.

Par confort, et par appréhension, on laisse parfois les relations s'installer du côté de l'amical, et de la confidence. Une sorte de nouveau marivaudage, où le confident se confie à qui il voudrait plaire, et où la confidence affaiblit les sentiments, quand elle ne les détruit pas.

Et quand on aimerait bien que la relation amicale évolue vers d'autres nuances, on ne sait plus comment s'y prendre. Les garçons rêvent que les filles prennent plus d'initiatives. Les filles, que les garçons sachent mieux ce qu'ils veulent. Bref, comme on ne sait pas comment faire, on aimerait bien pouvoir compter sur l'autre, et s'en remettre à sa seule volonté, histoire de ne pas trop s'interroger.

Un jeu dangereux où le plus actif, ou le plus entreprenant, est toujours gagnant.

Mais quand on a sa propre image légèrement brouillée, comment se montrer tel qu'on est ? Et quand on ne sait pas réellement ce qu'on veut, comment l'obtenir ?

Faire contre faire semblant.

Dernier souci : l'idée qu'ils se font du désir sexuel de l'autre. Parce que les adolescents ont toute leur vie été exposés à la relation de leurs parents, parce qu'ils ont vu tout ce qu'on leur a montré, et senti tout ce qu'on leur a caché, ils arrivent à l'âge où ils peuvent enfin consommer sans trop savoir quel comportement adopter vis-à-vis de l'autre. Dans leur esprit, plusieurs couches de préjugés s'empilent, des deux ou trois générations qui les ont précédés, avec certaines images plutôt floues, et certaines évidences plutôt contestées. Alors que penser ? Les filles, est-ce qu'elles aiment ça ? Ou est-ce qu'elles font semblant ? Ou est-ce qu'elles font semblant de ne pas aimer ? Ou bien elles le font juste quand elles aiment ? Ou elles le font seulement parce qu'elles aiment sans aimer le faire ? Et les garçons, est-ce qu'ils ne pensent qu'à ça ? Ou est-ce qu'ils se vantent ? Ou est-ce qu'ils ont appris à se contrôler ? Ou est-ce que, parce que c'est moins tabou, moins mystérieux, moins interdit, ils finissent par en avoir moins envie ? Dans cette nouvelle carte du tendre, les ados ont bien du mal à trouver leur chemin.

Sans compter le sida qui vient encore tout compliquer.

Avec un seul conseil à leur donner : oubliez tout ce que vous ne savez pas, et foncez.

Recevoir contre donner.

Une fois ce décor planté, on imagine assez à quel point les ados, dans le cadre de leurs relations sentimentales, se sentent comme empêchés. Non plus, comme à d'autres époques, par leurs parents ou leur entourage ou la société, mais par eux-mêmes, ce qui est encore moins évident à contourner.

Cela dit, le vrai problème, une fois de plus, monte du tréfonds de la grotte.

Pour commencer, la difficulté de recevoir pour les filles, de donner pour les garçons.

Si, de façon archaïque, une femme n'est pas assez sûre de mériter l'attention qu'on lui porte, que peut-il en être pour une jeune fille ? Et si, toujours aussi archaïquement, l'homme a du mal à manifester et à dispenser son affection, que peut-on attendre d'un garçon ?

Pour suivre, l'ouverture aux autres des filles, l'isolement des garçons, le besoin de parler pour les filles, de se taire pour les garçons, d'appartenir à un groupe pour les filles, de diriger une bande pour un garçon, d'harmonie pour les filles, de compétition pour les garçons, de romanesque pour les filles...

Voilà pourquoi il est essentiel que les adolescents connaissent ces disparités incontestables. Une fois de plus, en comprenant que ce n'est pas chacun d'eux, individuellement, qui est en cause, mais qu'ils ne font, collectivement, que reproduire involontairement des schémas inaltérables, inexorables, ils négocieront peut-être mieux leur appréhension, leur peur de se tromper, et surmonteront forcément mieux la frustration de ne pas voir l'autre répondre comme ils le souhaitent à leurs attentes.

Pourquoi il ne rappelle pas ? Pourquoi elle n'a pas l'air sûre de vouloir sortir avec moi ? Pourquoi il ne me le dit pas, qu'il tient à moi ? Pourquoi elle a l'air d'être mieux à discuter avec ses copines que seule avec moi ? Pourquoi il préfère un tennis avec ses amis qu'un ciné tous les deux ? Pourquoi il veut tout le temps... ? Pourquoi elle veut jamais... ?

Parce que c'est comme ça. Mais c'est pas grave.

Quelques recettes pour les couples.

Là, on va quand même partir du principe que tout ce qui précède est su et digéré : figurez-vous que les hommes et les femmes sont différents...

Bien sûr, on peut déjà considérer que la solution – faire durer un couple – peut naître de la façon de poser le problème – si l'autre est comme ça, avec tous ses défauts, ce n'est pas juste pour nous embêter, ou seulement parce qu'il n'est pas prêt au moindre effort, mais parce qu'il ne peut pas faire autrement, compte tenu que c'est atavique, héréditaire, génétique, et donc inévitable. Donc on arrête de lui en vouloir, on lui tend le calumet de la paix, et on le partage généreusement, en souriant et en se congratulant.

Maintenant, si vous ne voulez pas être éclaboussé, écartez-vous de la mare, parce qu'il reste un joli pavé à catapulter : aucun homme n'est tout à fait qu'un homme, aucune femme n'est tout à fait qu'une femme.

Arithmétique contre philosophie.

Par nature, c'est déjà le cas : chaque individu, homme ou femme, porte en soi une part de féminin habilement ajustée à une part de masculin. Ce n'est donc pas tout à fait anormal si chacun de vous ne s'est pas systématiquement reconnu dans toutes les descriptions des caractéristiques de son sexe. Et voilà pour les sceptiques qui doutaient en se référant à leur seule expérience.

Mais mieux encore, certains auteurs considèrent que les évolutions sociales du dernier quart de siècle ayant donné à chaque genre l'occasion d'expérimenter les attitudes et les comportements – les forces mais aussi les faiblesses – du sexe opposé, notre part de l'autre genre s'est développée. Au point de faire de chacun de nous pratiquement deux personnes. Donc, si on compte bien, et si on en croit Paule Salomon dans son livre *Je peux changer* :

« Un couple n'est pas la somme de deux personnes (1+1=2), ni une fusion (1+1=1). Un couple serait plutôt une curieuse arithmétique : 1+1=4, soit deux polarités masculines et deux polarités féminines. » Bref, il y a du monde sur le ring.

Toujours selon cette philosophe, si chaque être humain évolue selon ses propres lois, il doit également évoluer en fonction de celles du couple. Ainsi, pour que tout cela puisse fonctionner, et sur la durée, plutôt que d'espérer changer l'autre, il est indispensable de changer soi-même.

Et chacun d'être renvoyé dans les cordes, quasiment en KO technique.

Alors, pour le changement, on commence quand ?

Bon, si on écoute Paule Salomon, il s'agirait de se hisser sur la Roue de la Transformation, et de tenter l'expérience de la complétude intérieure et extérieure, en faisant cohabiter, au sein d'un Nous, deux Je très différents.

Mais là, on le sent moyennement. Nous, on va plutôt rester à ras de terre, et avancer quelques trucs. Pas des panacées, plutôt des astuces. À ne pas trop prendre au sérieux. Mais qu'est-ce que ça coûte d'essayer ?

Portrait contre nature morte.

À force de vivre à côté de l'autre, on ne le voit plus. Et avec un appareil de photo en main, c'est encore plus flagrant. On est là, à promener l'objectif de droite à gauche et de bas en haut. Oh, comme la montagne est haute… Clic clac. Oh, comme mes enfants sont beaux. Clic clac. Oh, comme la mer est bleue. Clic clac. Et celle ou celui qui partage votre vie, alors ? Une fois les premiers moments de passion passés, pourquoi ne prend-on plus jamais l'autre en photo ? Essayez, vous allez voir, c'est radical. Pas une photo de groupe, pas elle – ou lui – au milieu des enfants, ou des amis, ou de l'équipe de foot. Pas non plus juste devant ce magnifique coucher de soleil, ou ce majestueux oiseau exotique, pour donner l'échelle. Non. Elle – ou lui – dans son immense solitude. En vedette. Au centre de votre viseur. Et de votre attention. Et de votre affection. N'est-ce pas, que ça marche ? L'autre, que ce soit un homme ou une femme, a besoin d'un minimum d'attention. Un maximum, ce serait encore mieux, mais il ne faut pas non plus demander l'impossible. L'autre, au bout d'un certain temps, vous agace tellement que vous avez finalement pris le parti, pour limiter les dégâts, de l'ignorer ? Changez de stratégie.

Essayez de vous rappeler, en jouant vraiment le jeu, les raisons qui vous ont fait tomber amoureux. Essayez de vous remémorer les moments positifs qui ont ponctué votre vie à deux. Essayez de vous souvenir de vos élans, de votre cœur qui fondait, de cette fois où, et de cette autre..., bref, de l'effet que l'autre vous faisait au début. C'est une sorte de conditionnement, qui marche paraît-il formidablement. Le psychologue John Gottman, « expert du couple et de l'amour », l'affirme dans son livre *Les couples heureux ont leur secret* : « Chez de nombreux couples, l'affection et l'estime ne sont pas éteintes, mais enterrées sous de lourdes strates de négativité, de sentiments blessés et de trahisons. » Creusez. Au fond, il y a du positif. Non ? Creusez plus profond !

REPROCHE CONTRE MAGNANIMITÉ.

À force de vivre à côté de l'autre, on ne le voit plus. Ou seulement au moment où il fait une grosse boulette, qui justifie une énorme critique. Rembobinez. On refait la scène. La boulette est toujours là, mais on coupe la critique. Qu'est-ce qui reste ? La boulette ? C'est vrai. Mais sans critique, pas de ressentiment ; sans ressentiment, pas d'amertume, et pas de dispute au premier prétexte. Qu'est-ce qu'on y a gagné ? La paix. On appelle même ça la paix des ménages.

Les reproches, il faut impérativement les éviter. Les bannir de notre vie.

Les reproches ruinent le couple beaucoup plus sûrement que n'importe quelle cargaison de bombes sexuelles, hommes ou femmes, livrées à domicile, disponibles et consentantes. Contrairement à ce qu'on aurait tendance à vouloir croire, ce n'est pas parce qu'on est irrésistiblement attiré par quelqu'un d'autre qu'on torpille sa relation mais parce que sa relation est dans un état de délabrement avancé qu'on se laisse séduire par n'importe quel portemanteau qui sourit. Ça semble toujours aller de soi pour les autres, parce qu'on conserve toute sa lucidité, mais pour soi, on s'efforce au doute. On préfère se raconter que c'est parce qu'on est tombé fou amoureux, qu'on n'a pas pu résister à cette belle histoire qui ne demandait qu'à commencer. On en sort évidemment plus beau que si on s'avoue que, compte tenu de l'échec cuisant de notre couple, et incapable de trouver le courage de mettre les choses au point proprement, on s'est précipité sur la première sortie de secours. On se ment, mais qui pourrait nous le reprocher ?

Personne. Pas de reproche, on a dit.

GENTILLESSE CONTRE MÉPRIS.

Pas de reproche, d'accord, mais on ne vous demande pas non plus d'être tout le temps d'accord sur tout. Un truc vous agace ? Dites-le tout de suite. N'attendez pas. Et cela pour deux raisons. D'abord, parce que si vous le gardez pour vous, ça va gonfler tout seul et prendre une ampleur que ça n'avait pas au départ. Ensuite, parce que l'autre, si vous le lui servez froid deux jours plus tard, va réfuter le fait, dans la forme ou dans le fond – et comme on n'a pas toujours la bande vidéo de la caméra de surveillance à produire, on passe pour celui qui cherche à saquer la relation par pure méchanceté –, et parce que l'incriminé aura l'impression qu'en remettant l'explication, vous reculiez pour mieux sauter. Vous faisiez semblant de l'épargner pour mieux le terrasser. Donc dire, tout de suite. Comment dire qu'un truc vous agace ou vous déplaît sans critiquer ? Subtil, mais possible.

D'une part, évitez le ton critique. Basique, mais efficace. La pire des choses dite avec gentillesse passe même beaucoup mieux qu'un compliment lâché de mauvaise volonté. Un exemple : « Tu sais, cette bague, c'est vraiment adorable d'y avoir pensé, d'avoir cherché à me faire plaisir. Mais je dois dire que..., je suis désolée, mais je ne l'aime pas. Si ça ne te dérange pas, j'aimerais bien qu'on la change. Tu veux bien ? On irait ensemble, la semaine prochaine. » Contre : « Mais puisque je te dis qu'elle est très bien cette bague, et qu'elle me plaît beaucoup. Tu veux quoi, en plus, que je te l'écrive ? » Un autre exemple ? « Tu sais, je ne suis pas sûr d'aimer ce chemisier. Le bleu te va tellement mieux. » Contre : « Tu as mis ton chemisier blanc ? Non, pour rien, il est très bien. Si, si, je t'assure, il te va très bien. » Évitez du même coup le ton méprisant, qui laisse des traces indélébiles pour ce qu'il a d'humiliant.

DISCUSSION CONTRE DISPUTE.

D'autre part, n'en profitez pas pour lui rappeler toutes les autres fois où le même truc vous a agacé : on n'est pas là pour écrire l'histoire de votre couple, en vous distribuant le beau rôle, mais pour éviter un conflit. Et parvenir à une discussion plutôt qu'à une dispute.

Pourquoi ne pas se disputer ? D'abord, parce que les disputes sont comme de vieux cadavres qui jonchent le chemin. Et gâchent le paysage.

On ne passe pas d'une dispute à l'autre, on continue la même, inlassablement. Pire, leurs effets nocifs s'additionnent, se cumulent, exponentiellement. Ce qui fait qu'après plusieurs années de vie commune, la même dispute débouche sur une bouderie trois à cinq fois plus longue...

Ensuite, parce que s'il y a un truc où l'homme et la femme sont inégaux, c'est bien la dispute. D'ailleurs, il paraît que plus de 80 % des disputes sont provoquées par les femmes – elles n'en sont pas nécessairement la cause, mais ce sont elles qui insistent « pour qu'on parle ».

La femme est en tout point beaucoup mieux équipée pour cet exercice de couple. D'abord, elle est plus à l'aise pour parler. Ensuite, plus elle est chargée en stress, plus elle a besoin de l'évacuer par la parole : la dispute est donc pour elle un exutoire parfaitement adapté. Mais surtout, comme elle peut mobiliser toutes ses ressources cérébrales en même temps, elle peut sangloter de façon déchirante tout en assenant un argument bluffant, et, pour le coup, paralysant.

L'homme, lui, dans ce type de situation, a du mal à répliquer habilement. Il tente de neutraliser ses émotions pour pouvoir mobiliser sa réflexion. Sa femme lui a balancé trois ou quatre vérités alors qu'il en est encore à se demander quoi répondre à la première. Et s'il n'arrive pas à se situer correctement sur ce terrain – si l'attaque a été trop violente, si son rythme cardiaque s'en est trouvé trop accéléré (de 75 battements par minutes en temps normal, il peut atteindre 165), et si son niveau d'adrénaline a trop et trop vite augmenté –, il peut très bien décider intuitivement d'en changer : il réagit alors à sa femme exactement comme son ancêtre réagissait à l'attaque du bison. S'il se sent fort, il entre dans la lutte avec toute son agressivité, en frappant partout, le plus violemment possible – au figuré – sans se préoccuper si ça fait mal et à quel point. Par contre, s'il ne se juge pas à la hauteur, il fuit. Dans les deux cas, c'est la cata.

Donc, mieux vaut discuter. Discuter, vous savez : parler, gentiment. Sereinement. De façon complice. De ce qui va et de ce qui ne va pas. Écouter l'autre. Ce qu'il a à dire. Et à demander. Et souvenez-vous : on divorce toujours parce que l'autre a tort. Alors tout le monde aurait tort ? Et si tout le monde a tort, il reste qui pour avoir raison ? À part vous, bien sûr...

POUR CONTRE CONTRE.

Allez, on fait la paix, et on dit que personne n'a tort. Et on dit aussi que s'il faut vraiment trouver un coupable, on le cherche chez les autres. Pas dans notre couple. Pas dans notre entourage immédiat. Pas dans notre clan. Si, tout d'un coup, la voiture fait une embardée, plutôt que de s'écrier ou de geindre : « Ah, mais tu ne pourrais pas faire attention... », dites plutôt : « Mais qu'est-ce qui arrive à ce camion devant nous, il est fou, ou quoi, de freiner comme ça... » Si, en rentrant du bureau, l'autre fait la gueule parce qu'un rendez-vous s'est mal passé, plutôt que d'affirmer : « Ça, je te l'avais bien dit, ta réunion, tu l'avais mal préparée », dites plutôt : « Alors ça, pas de doute, tu n'y es pour rien. Je mettrais ma main à couper que c'est encore cet enfoiré de Truc qui a tout fait pour que cet incapable de Machin soit de mauvaise humeur. Exprès pour qu'il réagisse mal à ta présentation. Mais la prochaine fois, tu verras, c'est toi qui leur montreras... »

C'est vraiment lui qui a fait une embardée ? C'est vraiment elle qui avait mal préparé sa réunion ? Et alors, qu'est-ce que ça prouve ? La vérité n'est pas une vertu cardinale. Il y a même des moments où c'est carrément un insupportable défaut. Ce qui compte, c'est que l'autre sente que vous êtes avec lui – avec elle. Pour lui – pour elle. Que vous êtes son plus fervent supporter. Sa pom-pom girl perso. Le président de son fan club. Chacun de nous a besoin d'être soutenu, alors si ce n'est pas par ceux qui sont censés nous aimer, par qui, et si ce n'est pas maintenant, quand ?

HARLEQUIN CONTRE COLOMBINE.

Enfin, compte tenu que le sexe demeure une cause importante de conflits, voilà de quoi les désamorcer. En augmentant, pour les femmes, le désir de s'y livrer.

Pourquoi les femmes ? Parce que les hommes en général s'en sortent très bien tout seuls. Et sinon, une collection récente de *Play Boy* pourra faire l'affaire. Il ne peut pas ? Alors là c'est différent. Tous les sexologues sont d'accord : si les hommes ont beaucoup de mal à discerner le sexe de l'amour, ils arrivent très bien à faire la différence entre désir et capacité. La libido masculine ne varie quasiment pas sur toute une vie. Ce qui ne veut pas dire que tous les hommes ont toujours les moyens de leurs ambitions. Mais là, du côté de la mécanique, des conseils ne peuvent pas suffire. Des petites pilules bleues sont mieux appropriées.

Par contre, pour les femmes, pas de problème mécanique ou peu, mais un vrai problème psychologique. Qu'on peut peut-être régler par des pirouettes.

Imaginez-vous qu'une étude australienne a établi que les femmes qui lisaient des romans d'amour du genre Harlequin faisaient deux fois plus souvent l'amour que les autres. Comme ça, ça paraît forcement idiot. Mais si on y réfléchit à deux fois, ce n'est pas si inadéquat.

La femme est une fleur bleue, l'homme une bête de sexe. Pour s'acheminer vers l'accouplement, la femme a besoin d'un contexte, d'un conditionnement. De sentir monter en elle l'appel de l'amour. L'homme, lui, a seulement besoin de lâcher sa testostérone, qui ne demandait que ça. Alors si l'homme, obnubilé par son désir, est incapable d'aligner ces quelques mots doux qui font toute la différence, quelle importance si elle les lit ?

Vous voilà bien aiguillé pour le prochain cadeau d'anniversaire.

SEXE CONTRE EXERCICE.

Un autre truc pour favoriser la chose : la danse. N'oubliez jamais que dans les civilisations anciennes, la danse était un rite avoué de préparation à l'accouplement. Tous ces frôlements, tous ces frottements, cette façon de se tourner autour, de se rapprocher, de se regarder autrement, de reprendre conscience de son corps, de reprendre contact avec ses sens. Alors, bien sûr, si vous ne recevez pas une demi-douzaine de flyers par semaine, si vous n'êtes d'aucune fête, si, dans votre entourage, les baptêmes, les communions, les bar-mitsvas et les mariages ne sont pas au programme dans l'immédiat, on ne va pas vous conseiller de pousser les meubles du salon et de vous agiter sur la dernière compilation Universal. Mais au fond, qu'est-ce qui vous en empêche ? Si personne ne vous voit ?

Voici enfin un argument massue, qui devrait changer la plus renâclante des épouses en une partenaire des plus consentantes : trois rapports sexuels hebdomaires équivalent à une course de plus de deux kilomètres. Et si vous tenez votre moyenne, comptez, ça fait près de 120 km sur l'année. Bon, d'accord, pour que ça fasse vraiment de l'effet, et que ça remplace équitablement une thalasso, il faut y mettre un peu d'ardeur, d'entrain. De cœur, en un mot.

Mais après tout, c'est bien d'amour qu'on parle, non ? Point final.

Bibliographie

DEWANDRE Paul, *Hommes et femmes vers un nouvel équilibre*, LPM, 2000.

GIROUX Françoise avec Bernard-Henri LÉVY, *Les hommes et les femmes*, Olivier Orban, 1993.

GODAUX Émile, *Cent milliards de neurones*, Belin, 1990.

GOTTMAN John, *Les couples heureux ont leurs secrets*, J.-C. Lattès, 2000.

GRAY John, *Les hommes viennent de Mars, les femmes viennent de Vénus*, Michel Lafon, 1999.

KIRSHENBAUM Mira, *Trop bien pour partir, pas assez pour rester*, Marabout, 1996.

PEASE Allan et Barbara, *Pourquoi les hommes n'écoutent jamais rien et les femmes ne savent pas lire les cartes routières*, First Editions, 1999.

SALOMON Paule, *Je peux changer*, Dervy, 2000.

TANNENBAUM Joe, *Découvrir nos différences entre l'homme et la femme*, Québecor, 1992.

TANNEN Deborah, *Décidément tu ne me comprends pas*, Robert Laffont, 1993.

VINCENT Jean-Didier, *Biologie des passions*, Odile Jacob, 1986.

Remerciements
Arlette et Lucien Emsallem. Juliette Boisriveaud. Maurice Bronsztajn. Lorène Bucher. Dominique Chamoux. Philippe Demanet. Ariette Dugas. Marie-Paule Laval. Bernard Leduc. Barbara Le Porz. Michèle Meyer. Rahma Mokhtari. Pierre Nora. Sophie-Charlotte Orlowska. Georges Perec. Virginie Teissier. Roland Topor. Nelly Willer. Samuel, Simon et Esther Willer.

3679

MARABOUT

Imprimé en Allemagne par Elsnerdruck

pour le compte des
Nouvelles Éditions Marabout
D. L. n° 31620 – février 2003
ISBN : 2-501-03813-4 – édition 02